AF596088

www.ingramcontent.com/pod-product-compliance
Lightning Source LLC
LaVergne TN
LVHW010115170826
845678LV00012B/2423

* 9 7 8 9 7 7 7 7 6 8 7 4 0 *

مجموعة قصصية

القفز من نافذة العالم

بقلم

إبراهيم عمار

مؤسسة يسطرون للطباعة والنشر والتوزيع

رئيس مجلس الإدارة

عماد سالم

المدير العام

أحمد فؤاد الهادي

مدير الإنتاج

أحمد عبد الحليم

الطبعة: الأولى

الكتاب : القفز من نافذة العالم

المؤلف : إبراهيم عمار

تصنيف الكتاب : مجموعة قصصية

تنسيق داخلي : بمعرفة المؤلف

المقاس: ١٤ × ٢٠

رقم الإيداع: ٤٦٥١ / ٢٠١٩

الترقيم الدولى: 0 - 874 - 776 - 977 - 978

العنوان : المكتبة والمطبعة: ٣ ش صفوت ـ محطة المطبعة شارع الملك فيصل .. الجيزة

التليفون : ٠١٢٢٩٣٠٠٠٢٩ - ٠١١٥٧٧٦٠٠٥٢

Email : Yastoron@gmail.com

موقعنا على الفيس بوك : مؤسسة يسطرون لطباعة وتوزيع الكتب

الإهداء

إلى أمي التي علمتنى فن الحكي

وإلى روح أبي الذى منحني الوجود

وإلى مازن وملك وصافي ومرفت أسرتي الصغيرة

مقدمة

أن تجلس فى الصف الأول عنوان قصة قصيرة من المجموعة القصصية « القفز من نافذة العالم « للكاتب إبراهيم عمار، والذى أراد أن يجلس فى الصف الأول بمجموعته الرائعة التى تضم نقشًا قصصيًا مختلفا، القفز من نافذة العالم، زينب الخطاطة، المؤتمر، فلالك، حسناء، مكتبة الإسكندرية،أن تجلس فى الصف الأول، أشياء تافهة ، البقاء لله ، علاقات رقمية، رغبة مكبوتة

مجموعة متجانسة من القصص البسيط الذى حمل سمات كاتبها فقد استطاع إبراهيم عمار أن يحتل مكانا فى الصف الأول بهذه المجموعة ببساطة شديدة ودون أن يشق علينا، كان بسيطا وعميقا فوصلت الفكرة للقارىء وهويستمتع بالقراءة التى تفصله عن العالم بأن تقحمه فيه بعمق وبساطة وفن سردي متميز.

الناشر

عماد سالم

القفز من نافذة العالم

هى البراح الواسع على امتداد الأفق، تعانق قممُ الهضاب على استحياء قطعَ السحاب المتناثرة، ترمي بظلالها بطن الوادى فتكتسي شُجيراته القصيرة كثيفة الأوراق مسمارية الشكل بلونها الداكن تارة، ولمعة حقول القمح في «بشنس» تارة أخرى، تحت فتحات أبواب السماء المتقاطرة.

يتسللُ الهواء باردًا إلى رئتي من زجاج النافذة، يسابق الأسفلت، تتهاوى أعمدة الكهرباء ولافتات الطريق، مررنا من هنا مرات ومرات، منذ نعومة الأظافر حتى اخضرار القلب، رحلة أبدية نمرُّ بها، نردد تفاصيلها فى يقظة الحلم، تمنيت لو توقف بي العمر هنا لحظات، أخطو علي صفحة الرمل الناعس فى سلام، ألوذ بكهف يغوص بي للأعماق، أو إلى تبة فأضرب خيمتي تحت ظل نخلة تدنو علي بطيب ثمرها، فتتفجر من تحتي عيون الماء.

تَحفُّنا طيورُ القُمرى والبلابل، قطعان الماعز والغزلان، أتكِئُ على كومة الرمل البارد، أرتلُ بيت القصيد..وهي تغزل خيوط الصوف قميصًا، تعزف أنفاسها الرطبة أنشودة حياة، يأتيني هواها البكر معطرًا، ينفث فى الوادي الخصيب نداه، فيذوب القلب شعرًا، تترقرق حبات الماء إذ

يداعبها نسيم الصّبا المعطر بأريجها العذب.

« كم حلمتُ بهذا البراح الذي يحتضن دفء مشاعرنا، بعيدًا عن هذا العالم الذي شوهته الصراعات فأصبح الكره قانونًا والحب من المحرمات»، هكذا قالت لي يومًا أو رددتْ معي أنشودة الحياة .

قالت لي فى عيد ميلادنا الأول: «تمنيتُ أن أكون معك فى شبر من الأرض لم تطأه الأقدام ولم تره العيون، ولا تصله الآثام، فيه تمتزج أنفاسنا، تذوبُ نظراتنا فى براح الأنا أنت، ولا شيء سوانا» كانت تقول...

هاهي الفرصة سانحة، فقط علينا أن نقفز من نافذة هذا العالم إلى براح الحلم، الحقيقة المطلقة، هي اللحظة المواتية، فقط القرار، أن تنيرَ لنا لحظةُ الإرادة مصباحَ الفعل، من يريد القفز لا ينظر إلى الخلف، هاهي اللافتات تتوقف والعمدان الكهربائية عن رحلتها، لقد تعطل الزمن فى لحظة خاطفة دون علة.. فلنقفز الآن، نطير فى البراح كورق الشجر متشابكين، تحملنا هَدهدة النسيم إلى صفحة الرمل برفق، نسبحُ فى بحره الرقراق، فتنقشُ آثار أقدامنا الصغيرة بردية مصرية قديمة، أو تخطُ أسطورة أزلية.

أضمك إليّ، أحملك كحملة العرش بين يديه، أطوف بك دوائر عرضية وطولية سبعة أشواط مابين بين، مع انكسار أشعة الشمس القرمزية عند المساء، تتشكل على صفحة الرمل ظلال وارفة يستظل

بها الحمام واليمام والقمري، حيث الغزلان والماعز هناك عند البحيرة العذبة من ماء محيا القبلة المُسكرة الأولى في مهد طفولتنا، انطبعت على أثر النقش بصفحة الرمل فصارت عيناً تهوي إليها أفئدة الناس وأكباد الهائمين منذ عصور، وحين تأوي الطيور أعشاشها ، يزحف الليل حثيثًا على أطرافه يتحسس هدأة السكون، فأراه يطل من العلا خجلًا وأنت على صفحة الرمل بين يدي قمرُ، فكيف به الحال إن خذلته عيون العشاق؟ ولم يُر لضيه من ضيّك أثر، «تبالغُ » قالت، قلت :«وأي بلاغة تفي»؟!!

أضمك إليّ أكثر فأكثر وألوذ بعينيك كلما استوحش الليل فأرى نفسي ناعسًا وأراك عند البحيرة تغسلين شعرك، فينداح الليل ويشرقُ النهار على جبهتك، يرسل للعالم هناك تحت سفح الجبل بعضًا من نور قبس يديك، ليعودوا لممارسة عاداتهم اليومية.

اسرعي ..هيا.. تعالي ..لنقفز الآن .. نغادر عالمهم السفلى، إلى عالمنا السرمدي، لاترددي، ها قد تشابكت يدي بكفها في اللحظة الفارقة أجذبها نحوي بقوة، فقد قررت الآن فورًا.....

صرخة مفزعة طمستْ معالم الصورة فجأة، ومزقت ورقة البردي كخرقة بالية، وقد استيقظت بجانبي كأنها ارتدت قناع الساحرة الشمطاء، كنت تعودتُ عليه سلفًا ودائمًا ما أنساه، سالت خيوط لزجة من فتحة مقوسة أسفل الأنف، تتطاير منه رائحة عطنة وهو يقذف

حممًا قاطعة وحادة: «ألن تنتهي من هذا الجنون الرسمي، آخرتك مستشفى المجانين»

كشفت كلُ العيون التى أطلت من محاجرها عورتي، كانت لاتزال أعمدة الكهرباء واللافتات تتراجع وأنا معها منكمشًا فى المقعد الخلفي من السيارة الأجرة، تعلن عن قرب الوصول لنقطة النهاية.

تمت

فى طريق القاهرة السويس

٢٥-١٢-٢٠١٤

زينب الخطاطة

" رحّال وسفرك كثير ياولد"

وفي زيارتي الأولى بعد سنوات، وأنا في طريق عودتي من المقابر تذكرتها..لكنتها العرباوية..مذ عشر سنوات، أجلسُ أمامها، ترمي بنويات البلح الست، وقد خطت بسبابتها اليمنى على تراب الأرض طولًا وعرضًا، تحدد مسار كل نواة، وتقرأ كتابَ ما بين الخطين، تُنكسُ النواةَ التى جاءتْ مُدْبرةً بثلاث خبطاتٍ على دبرها، وتُقبل النواةَ التى اعتلت الأخرى، فهى النُصرةُ والفرج..تحدُد بسباتها المسافات وعدد النقاط بين كل نواة وأخرى، قد يعتلي ذكرُ نواة فوق ثلاث، تلمسه بالسبابة وتحدد موقعه فى الدائرة، وتسأل بكلمات بسيطة مختصرة.. تُبشرُ وتُنفرُ.. تستعيذ بالله فى كل خطوة من شيطان مرتقب...

تشعرُ أنها تقرأ خطواتِك من كتاب الأرض المنقوش على النوى، لاتدخلُ أى بيتٍ!! يقولون إن البيت الذى تَدخلُه مبروك..اكتسبت حب الناس وثقتهم؛ من صدقها وحفظها لأسرارهم، وحاجتهم لهتكِ ستار الغيب، رغبتهم فى جرعة الأمل.

وقتها كنتُ فى السنة الجامعية الأولى بجامعة جنوب الوادي، المسافة من قريتي المتاخمة للجبل والجامعة التي في قلب الصحراء ساعة تقريبا، كثيراً ما أحلمُ وأُمنى النفس بركوب هذا القطار الذي ينهب الأرض وُيثير الغبارَ على وجوهنا أسفل المزلقان، تطالعنا من شبابيكه المزينة بشيش خشبي وجوه هؤلاء السعداء المتجهين لبحري... عالم الأضواء والزحمة والحياة الصاخبة هناك في المدينة

«رحّال وسفرك كثير ياولد»

كلما تذكرتُ كلماتِها يُداخلني شكٌ كبيرٌ أنها تمارس نوعًا من الدجل.. كتبتُ فى رغباتى جميع جامعات مصر حتى استنفذتها، وذيلت رغباتى كُرهًا بوجودي هنا.. كُنت أُمنى النفس بقولها حتى جاءني جواب التنسيق.. فأيقنت أننى سأموت هنا...

أُمارسُ عاداتي وطقوسي الحياتية، ما بين البيت والأرض والمذاكرة وزيارة الأقارب والنوم، ضاعتْ فرصة الرحيل والسفر والتغيير، خذلني مكتب التنسيق،وخدعتني تلك العجوز، نبوءتها كانت كفيلة بإقناع أمي برحيل وحيدها إلى مدينة أكبر وأوسع فى بحري، لكنها برغم الثقة الكبيرة التى تحظى بها، خَيّبتْ معي، فلم تَصدقني، وربما تمارس نوعًا من تجريب الحظ صابتْ أم خابتْ، لكنني كثيراً ما أُراجع نفسي، فهي من تنبأت لوالدي الذى بلغ الستين بقدومي، حتى قبل أن يفكر فى زواجه الثاني من والدتي، تلك الفتاة القروية الصغيرة البسيطة ابنة فِقي القرية .

"سيكون لك ولد ياحاج حسين من بطن غير البطن"

سمعتُ منها شخصيًا أن أبي وعدها بحِمل جملٍ من فول وعدس وقمح يرسله لها فى نجع العكرمي إن صح كلامها... وقد كان....

قالت: «صار يوم مولدك عيدًا للنجع، فقد أكلوا منه أسبوعًا لم ينته».

....

" كوني له أمًا وأبًا فقد قُضي الأمر "

أَتذكرُ والدتي وهي ترددُ قولها بنهاية الأيام السعيدة وانكسار عامود الخيمة وانحناء الظهر...لم تخلفنا زينب الخطاطة موسمًا بعد رحيله، ترى فى زيارتنا واجبًا حتى ولو لم تجد ما تحصل عليه بعدما ضاق بالبيت الحال.. تقول" : بيتكم بيت عز ولو فرغ ماعونه»

تدور فى القرية هنا وهناك، كثيرون من يعتقدون ببركتها، وقدرتها على فهم الغيب، يستأنسون بحديثها ونبوءاتها التى كثيرًا ما تصيب، لاتطلبُ ولا ترفضُ ما تجود به قلوبهم وأياديهم.

لم نشعر بانقطاع زينب الخطاطة عنّا؛ ربما لانشغالنا..أسابقُ الزمن من أجل الحصول على الشهادة..والدتي تُجهدُ نفسها كثيرًا من أجل تدبير حالنا حتى يكفي إيجارُ تلك القراريط البسيطة التى ورثتها عن أبيها.. تزرع أمام البيت ما تحتاج له وتربي عليه طيورها فلا تشتري شيئًا.. تجمع كل قرش حتى توفر لي ما أحتاج حتى أنتهي من دراستي ، فأصبحُ عونًا

فنكست نواة مُدبرة وقالت: "قسمة ونصيب "

فانخلع قلب أمي وخبطت على صدرها

لاتخافي يابنيتي فلن يصيبه مكروه ، ولكنه كثير التعثر قليل الحظ، عين تلاحقه وعين تحرصه" ، قالت

ظلت كلماتها تتردد فى أذني أيامًا..ولكنها تلاشت مع مرور الوقت.. نسيتها تمامًا..وقد تغير الحال فى قريتنا..فزاد عدد الناس وصارت البيوت الطينية أسمنتيةً فخمة ملونة ومزركشة، يكسو درجاتها وأرضيتها الرخام السراميك، تشرع بلكوناتها فى الشوارع فتتخذ مسافة وأنت تسير تحتها خِشية أن تتساقط عليك مياه أجهزة التكييف، تسمع صوت أغنية تتر المسلسل الشهير من التلفاز الذي بات فى كل بيت، وأصبحت مظهرًا من مظاهر الحياة فى قريتنا، التي أطلق عليها المحافظ يومًا (القرية النموذجية).

ذبحتْ أمي «سخلة» يوم نجاحي بتقدير مقبول، ووزعت لحمها.. وأُخرى يوم تعييني فى مدرسة القرية الابتدائية مدرسًا.. أجّلَ القاضي الحكم فى القضية للمرة العاشرة..فباعت آخر قيراط في ميراثها يوم زفافي.. وأصبح أمر السفر للإعارة ضروريًا فمن الصعب رفضه رغم إلحاحها بعدم تركها ووليدي الذي لم يبلغ أيامًا، توسلت كثيرًا، ولكنها وجدت مني فى هذه المرة تصميمًا مبررًا.

" حبال المحاكم طويلة فإن أردت أن تُضيّعَ حقا فأدخله بين دفاتر

القانون فى المحاكم المصرية» ،هكذا قال لي كاتب المحكمة ناصحًا بقبول نصف ميراثي، وبرغم رفضها الشديد لهذا العرض قديمًا إلا أنها دنت مني يومًا وقالت :»ربنا يبارك لنا فى القليل "

أعلم أنها حيلة الأم التي تخشى فقد وحيدها، ولكنها اليوم فاجأتني، وكأنما ألقت فى حجري قاربًا من ورق عاد بي عبر بحر الذكريات لسنوات طوال قد مضت

" اذهب لزينب الخطاطة وربنا يقدم ما فيه الخير»

....

:ياااااه بعد كل هذا العمر، آخر مرة طرقت بابنا منذ خمس سنوات تقريبًا، ولِمَ لا أذهب لها، إنها أول من تنبأتْ بالرحيل

لسنوات طويلة كنت لاأؤمن ماتقول، لكنه صار واقعًا..حقًا فى حاجة للقائها، سفر بعيد، أتخطى بلادًا وبحارًا وأعاشر أغرابًا، هل مازلت أتوق للرحيل ؟!، أم تعودتَ كحمام البيت المكوث فى البنّية وأخشى لحظة الطيران!!

المرة الأولى التى أصعد فيها الجبلَ، لافتة على الطريق الأسفلتي اعتراها الصدأ واعوجاج القائم، مكتوب عليها بخط رديء « نجع العكرمي»، بيوت طينية فقيرة تتخللها بعض مباني أسمنت البسيطة لايزيد ارتفاعها عن دورين تنحدر أسفل الجبل الكبير.

أسلاك تتدلى من أعمدة كهربائية قصيرة تتلوى فى دروب وانحدارات وارتفاعات مع مسار البيوت المتناثرة هنا وهناك، يبسطُ النخل المرتفع جريده فى محاذاة برج حمام قديم ومئذنة الجامع وقبة ضريح مجهول، تغوصُ مقدمة حذائي فى التراب الناعم بمدق الطريق..صبية يشلحون جلابيبهم الصغيرة فتظهر سيقانهم النحيلة السمراء وهي تلاطم الكرة يمينًا ويسارًا، فترتسم على وجوههم فرحة مطلية بغبار الفقر، وسمرة قيظ الصيف، سألت أحدهم فطالعني بعينين لامعتين يعلوهما رموش مغبرة ومعمصة: « إنت تريد ستي »

من الواضح أن بركات الخالة زينب كانت ولاتزال تلاحقني، دار بي حفيدُها دوربًا صغيرة ملتوية بين بيوت وأحواش نصعد تارة ونهبط أخرى، نقترب من الجبل شيئًا فشيئًا، رمال الأرض حارقة، كومات من البوص هنا وهناك، تتعثر قدمي فى بعض الروث، كتل طينية كبيرة، الصبى يمشي وكأنه يجرني لقدري...

أَهِمُّ وراءه.. وفجأة توقف..أشار لي بالدخول..حوش كبير، جدران من الطوب اللبن عريضة غير مكتملة وبعضها مهدم ارتفاع يحاذي كتفي أو يزيد قليلًا، بقايا أعواد الذرة على الأرض، وثلاثة دجاجات وبطة وطلمبة مياة يحوطها حوض كبير، ونخلة معلق بها فلقة نخلة قديمة مشدود عليها سباتة بوص تظلل مصطبة من الطوب اللبن.. تجلس عليها.

إنها زينب الخطاطة، لازلت أحفظ ملامحها جيدًا مهما غيرها الزمن، الذي حفر أودية جافة فى وجهها، وَشْمٌ بدوي أسفل الفم الذي غابت ملامحه وانحسر للداخل مكان الأسنان التي أتى العمر عليها سوى ناب وضرس مكسور، عينان غائرتان، وطرحة سوداء مهترئة يظهر من فتحاتها المتعددة بقايا شعر تخضبه حناء قديمة، وذباب يطن هنا وهناك، دنوت منها: «كيف حالك ياخالة »

لم ترد، كررت كلامي، شعرت بوجودي لكنها لم ترد، فقط رفعت عينيها ببطء ونظرت في اتجاه الصوت، فرفعت صوتي :» تتذكرينني ياخالة زينب ؟»

ثبتَتْ نظرها تجاهي، تتفحص ملامحي

من الخارج جاءني صوت سيدة عشرينية سمراء ترتدي جلبابًا مزركشًا بألوان زاهية تلمع فى الشمس: « لاتسمع، لكنها تعرفك أكيد طالما رفعت نظرها إليك»

مددتُ يدي أسلم عليها، فتشبثت بي يدها الخشنة الممصوصة بعروق جف الدم منها وقد بدا عظم اليد.

« كما قلت لك أنها تعرفك جيدًا، اجلس معها بعض الوقت فهي تحب أحبابها»، هكذا قالت السيدة العشرينية

ظلتْ قابضة على يدي تطالعني وكأنها تراجع عمرها..أشعر بنوع

من الهدوء لايقضه إلا طنين ذباب يتكاثرُ حولنا قلت لها بصوتٍ عالٍ «أنا إبراهيم ياخالة ابن الحاج حسين»

فتهز رأسها وماء يسيل من جفون ذابلة..وضعت الشابة صينية من النحاس عليها كوبًا من الشاي، فشكرتها ووضعت فى يدها بعض الجنيهات ففرحت بها وقالت لي:" اطلب منها أن تدعو لك، دعوتها مستجابة"

عيونها متشبثة بملامحي ويسيل منها ماء لايبلغ الخد الناشف قلت : «أنا مسافر ياخالة «

شعرت بها تقبض على يدي بشدة، برغم كبر سنها عصبها شديد،؟ لكن ماذا تريد؟! وهل لهذا معنى أو إشارة؟!!

كررت قولي: «أنا مسافر إلى الخارج للعمل»

مدت يدها لتمسك برأسي وكأنها تقرأ تعويذة، بجوارها لاتزال الست نوايات، سكنت حركتي كتمتُ أنفاسي لحظات، شعرت بحالة دوار ورغبة فى العودة، من جيب قميصي أخرجت ورقة نقدية ووضعتها فى يدها، فأمسكتْ بأطراف يدي ولم تعر نقودي اهتمامًا، وراحت فى سبات عميق، لحظات مرت، قالت لي السيدة العشرينية: «هي على هذه الحالة تغيب وتحضر "

شعرت بسخونة الهواء، الظل ذاب من أشعة الشمس التى ساحت

فى كل مكان حتى طالت جلستي، قمت من مكاني مستأذنًا، فمدت يدها كصقر ينقض على فريسته، تحاول أن تبقيني، أمسكت النويات الست وخطت ثلاث خطوط، وألقت بهم، ورفعت عينيها الغائرتين، وهزت رأسها بحركة من اليمين إلى اليسار، لحظات أحاول استخلاص يدي من قبضتها..أمضي...

أسير فى المدقات والدروب المتعرجة أتلمس طريق عودتي، عندما وقفت أمام اللافتة ذات العمود المعوج أنتظرُ سيارة تُقلنى للقرية.. تحسست جيبي كان به جواز السفر والتأشيرة، صعدت السيارة الكبوت ...الطائرة الجامبو ....

وها أنا فى طريق عودتي من المقابر.. أَمر من نفس الطريق بنجع العكرمي.. أراقب نفس اللافتة ذات العمود المعوج، وقد تلاشت منه الكلمات والألوان وغطاها الصدأ..فى زيارتي الأولى والأخيرة بعد عودتي من العراق خالي الوفاض..أزور قبر أمي التي رحلت - ولم تجد ولدا يأخذ عزاءها - وقبر زينب الخطاطة هناك،،،،،

تمت

القلعة ٢٥-١٠-٢٠٠٠

المؤتمر

استيقظ أهالي قريتي مبكرًا على غير عادتهم منذ أن دخل الإنترنت قريتنا، فقد تحولت صفحات الفيس وغرف الدردشة والشات لساحات نقاش ليلي يمتد حتى ارتطام أشعة الشمس بزجاج النوافذ الألمونتال التى زيّنت مكعبات ومربعات الأسمنت التى نقطنها.

حقيقة!! هو يوم غير عادي فى حياة قريتنا، الاستعداد على قدم وساق، الناس فى همة ونشاط، منذ هبوب نسمة الصباح البحرية، كلٌ يعرف واجبه وعمله، فقد تم توزيع المهام والتكليفات فى اجتماع أول أمس بمندرة العمدة حسان، بل ولاعجب فأناس من قريتنا وقرى مجاورة باتوا ليلتهم فى التجهيز والترتيب.

أصحاب الجرارات الزراعية قاموا بتعبيد الطرق بعد أن زوّدوها بالأدوات اللازمة لذلك، وسائقو سيارات النقل قاموا بفرش الطرق بالرمل الأصفر الناعم، تغوص فيه أرجل الصبية الصغار الذين بكروا يلعبون ويتمرمغون فى الرمل البارد فى هذا الصباح الساخن من أيام بؤنة، عمال المجلس القروي يقومون بوضع قساري كبيرة بها أشجار قصيرة ذات أوراق عريضة .

شاهدت عم عبد المتجلي جارنا فى قطعة الأرض، يمتلك سبعة قراريط بور فى الجهة القبلية من الطريق الزراعي، يسعى لبيعهم، بمليونين ونصف جنيه، بعد أن دخلوا كردون المباني..لأول مرة أعرف أنه يعمل فى المجلس القروى بوظيفة عامل نظافة، كان منظره غريبًا وهو يرتدي عفريتته الزيتية...

صاحب الفِراشة أتى من المدينة يتابع عماله..باتوا ليلتهم ينصبون عروق الخشب فى مستطيل كبير في الفسحة أمام المندرة، وبطول الشارع حتى أرض أولاد سعفان (أبو الليل)، التى تمتد حتى أول طريق الجبانة... ونحن أطفالٌ يحكون لنا قصص سعفان (أبو الليل) كبير المطاريد وقد لزم الجبل الشرقي سنوات قبل أن ينزل بعياله فى أول سبعينات القرن الماضي، استعان به جد العمدة حسان ليكسر شوكة أبناء عمومته المطالبين بدم أبيهم، فمنحه أرضًا وبيتًا، فتكاثر كذباب أزرق وتمدد فى سنوات الهزيمة، حتى صار نصف القرية أو أكثر.

نصبة الشاي عند مدخل حاصل قديم فى دار العمدة، لاأدرى سببًا لهذا الطنين الذى يفرد أمام ناظرى كتاب التاريخ والحكايات القديمة، فكلما مررت بمكان وكأننى أكتشف لأول مرة قريتي، شوارعها، بيوتها، أشخاصها

تقول الرواية إن الحاصل القديم كانت تُخزن فيه أجرانُ الفول والقمح بعد جمعها، لكنه إبان عهد جد العمدة حسان أُستُخدم كسلاحليك للغفراء وتأديب الخارجين، وهو نفس المكان الذى وجدوا

فيه سعفان (أبو الليل) مذبوحًا ولم يُستدلْ على الفاعل حتى الحين... حركة غريبة فى الحوش الغربى التابع لدار مرزوق (أبو غباين)، الدار مهجورة منذ سنوات بعد أن استقر محمد ابن عم مرزوق بالقاهرة يعمل صحفيًا فى جريدة الأهرام، باب الحوش مفتوح مما استدعى النظر، نفرٌ من أهالي القرية أعرفهم جيدًا، عم شعبان الجزار وابنه متولى وابن أخيه حسين ومحروس الحلاق وعاشور التربى، وحجاج الدلال، وأمامهم أكوام اللحم المقطع، و قد أعدوا الحلل الكبيرة مملوءة للنصف بماء يغلى على كانون كبير بعرض مِخْولِ البقر والحمير.

تم تمرير ماسورة غاز أسفله بها شعل متعددة، يقوم عاشور التُربي برمى قطع البصل بعد أن قّشرها حجاج..يضع محروس اللحم ويوزعه بين الحلل.. حشاش بن حجاج مشغولٌ بنقل أحشاء الذبائح لبيتهم على حمار يقف أمام عتبة الحوش، جوالٌ مخضبُ اللون تبظُ منه عظمتان، فتظهر قطع اللحم التى يخفيها فى أجولة الأحشاء قبل تهريبها للبيت.

انسحبت بهدوء قبل أن يكلفني أحدهم عمل، أو يكتشف حشاش أنى رأيته...مهمتى فى هذه الليلة محددة كما وزعها علينا العمدة حسان، الوقوف بأفخر الثياب أو على حد قوله (ما على الحبل) فى استقبال ضيوف القرية الكبار عند مدخل المندرة .

اليُفط وُضعتْ على حوامل من عروق الخشب الملفوفة بقماش مزين مكتوب عليها بخط جميل ترحيبًا بابن القرية وضيوفه الكبار،

أرسلوها لحليم الخطاط منذ مدة ليكتبها..نسيت أن أقول لكم: كل هذه الاستعدادات فى قريتنا بسبب زيارة سيادة اللواء وزير القوى العاملة الذى رشحه الحزب الحاكم عن دائرتنا.

قد يعتقد القراء أننى أبالغ فيما أقول وأن الحدث شيء عادي لا يستدعي كل هذا السرد، ولكن إن أدركوا ما فى الأمر من أهمية، وما جعله يخرج عن نطاق الانتخابات المعتادة، والتى- فى الغالب- لا تفيدنا بشيء إن نجح فلان أو علان، أن هذه المرة، ولأول مرة، قد اكتشف نسابو قريتنا، وشيوخها الكبار بعد البحث والتنقيب فى جرود العائلات وأنساب القرية، أن سيادة اللواء الوزير الضيف المرشح هو ابن عم حسنين أفندي ناظر العزبة التى كانت تتبع قريتنا لزمامها أيام الملك.

دارت فى قريتنا حكاوي كثيرة وكبيرة عن حسنين أفندي وأفضاله على القرية كلها، تروح وتجيء الحكايات والرويات عن الماضي الجميل، زمن أن كان رطل اللحم بقرش صاغ، وقنطار القطن بخمسين قرشًا، تداخلت الروايات من يعرف ومن لايعرف، الكل يروري ونحن نسمع عن هذا الزمن الذى لم نعشه، كأنه جنة الله فى الأرض وياليتنا كنا ولدنا فى هذا الزمن الجميل الذى كانت تسوده الأخلاق والمحبة والخِشى والحياء، كانت كِسرة خبز بملح وفحل بصل أفضل من كيلو لحم، كان الفلاح ينام من المغرب ليستيقظ عند الفجر يرعى أرضه، كان الكبير كبيراً والصغير صغيراً، لم تتلوث أخلاق الناس وضمائرهم، بسبب التليفزيونات

والتليفونات والدش والكمبيوتر والإنترنت...

تلك المَدنيّة اللعينة، لِمَ يارب لم تخلقنا فى هذا الزمن!!! أى ذنب ارتكبناه حتى نعاني فى هذه الأرض، لِمَ لمْ تُدخلنا جنتك هذه التي يحكون عنها!!

قلت لصديقي كل الرويات تُخالف قصة إنجي وعلي، فهل خَدعنا يوسف السباعي وشكري سرحان؟!!

كتب صديقي عبد المقصود الرموزى:أَصدقتَ أفلام عبد الناصر هذه؟!!

اعترض صديقنا اليساري:عبدالناصر من حرّرك وعلمك، ومنح أباك الأرض وجعل لك كرامة.

رد عليه موسى الطروشي:عبد الناصر مات، وترك البلد تعاني الهزيمة والانكسار، وتسلطُ حِفنة من أتباعه فى شئون البلاد

زادت سخونة الحوار الذى امتد لساعات متأخرة من الليل على الشات، وقد حقق (البوست) أعلى نسبة مشاهدة من شباب القرية، فيديوهات لخُطب ولقاءات عبد الناصر والسادات، ومقاطع من أفلام ومسلسلات، وأغاني لعبد الحليم، وخطب كشك، كل فريق يحاول أن يثبت وجهة نظره، ويتفوق على الفريق الآخر مُتهمًا إياه بالجهل والتضليل، حتى وصلنا للعمالة والتخوين وكالعادة مع مطلع الفجر..

انسحبنا واحدًا تلو الآخر حتى نخطف من النوم ساعات قليلة قبل الدخول فى مُعترك اليوم المشهود .

قرر ناظر المدرسة الابتدائية شوقى (أبو مرقة) اعتبار اليوم نصف يوم دراسي وصرف الطلاب من الفسحة، حتى يتفرغَ مدرسو اللغة العربية والخطابة فى وضع وترتيب خطب وكلمات المؤتمر الكبير، وتجهّز شعراء قريتنا لإلقاء قصائدهم العصماء، كما العادة فى المناسبات الكبرى مثل المولد النبوى وسهرات رمضان..وُضعت لافتة كبيرة على سور المدرسة الخارجي للترحيب بابن البلد وأحد تلاميذ المدرسة النابغين، أكد ناظر المدرسة أنه دَرّسَ للوزير، أول دفعة تخرجت من المدرسة وكان متفوقا ونابغة، وبالرغم من عدم صحة هذه الرواية بحكم المنطق والتاريخ، إلا أن أحدًا فى المدرسة لايستطيع أن يرد لحضرة الناظر رأيًا أجمعت عليه القرية كلها .

فى الطريق المؤدي للجبل كان فرسان القرية نصبوا المرماح لتجهيز خيولهم لاستقبال السيد اللواء الوزير وتقديم عرض يُظهرون فيه على أنغام المزمار والطبول مهاراتهم منقطعة النظير.. حضر الزمارون من المدينة، ومعهم منشد الليلة الشيخ محمد الكلحي، الذى لاتفوته فى قريتنا مناسبة إلا وينشد فينا البردة كاملة وبعض أشعاره، يُذكرنى بالشيخ إمام فى هيئته.. ضريرا، يصحبه حفيده في كل البلاد والنواحي، يحفظ مواعيد وتواريخ الموالد والمناسبات، وعودة الحجاج، وليالى الذكر والطهور

قبل أذان الظهر أخذتُ عجلة ابن أختى وذهبت مسرعًا قبل القيلولة لأحضر الجرائد اليومية، فقد كان ذلك من المهام الموكلة لى فى هذا اليوم بحكم أننى أطالع يوميًا كل الجرائد بحثًا عن عمل، دفع لى العمدة عشرين جنيهًا من ميزانية الحفل لاقتناء جميع الجرائد والمجلات التى ستتناول خبر حضور السيد الوزير لقريتنا، فقد وعده محمد بن عم مرزوق بأن خبر الزيارة سيكون فى جميع الصحف الصادرة اليوم .

وصلت الجرائد متأخرة اليوم من المدينة، وترددت أنباء أن سبب تأخيرها تغيير حركة القطارات بسبب زيادة السيد الوزير لقريتنا، وأكد آخرون أنهم سمعوا أن سبب تأخر الطباعة هو إدراج خبر الزيارة المرتقبة، وقال البعض إن هناك قرارات مهمة لم تصدر بعد كانت سببًا فى التأخير، على كل حال فقد وصلت الجرائد، وقد وُضعت قريتنا الصغيرة على الخريطة وصارت موضع اهتمام وحديث الجميع، وكأن العالم توقف من حولها.

«صحيح يا ولاد من له ظهر فى هذه البلد لايضرب على بطنه» هكذا سمعتهم يقولون ويتقولون بعض أهالي قريتنا وقرى مجاورة عند بائع الجرائد، ظللت أتذكر وأحلل كل كلمة فى طريق عودتى لتناول الغداء الذى أعده العمدة لكل شباب ورجال القرية المشاركين فى الفاعلية الكبرى، ولاتزال التعليقات والأسئلة تنهال على البوست العالق بصفحتى.

هل كان علىٌّ ابن الريس عبد الواحد من الممكن أن يصير ضابطا

بالجيش، وأحد الموكلين بتنفيذ قرار التأميم لولا وساطة إنجي له؟!! لقد دفعها الحب لذلك، لكن هل كان لهذا الحب أن يصل لهذه النهاية؟ لولا تغيير حدث...فتحول ابن الجناينى إلى صاحب سلطة... وتزوج بنت الباشا

السؤال الذى لم أجد له إجابة وقد دخلت مشارف القرية، «ومن ذا الذى أطلق على الابن الثانى لعبد الواحد الجنايني، لقب الباشا فى قسم البوليس، وقد جاءت الثورة لإلغاء الألقاب؟!!

«الله يرحم أباك لم يكن يأكل إلا الضأن!!!» هكذا قالها عم عاشور التربي وهو يدسُّ فى يدي قطعة لحم كبيرة مُحمرة من الضأن، وهو يوزع منابات اللحم على السفرة الطويلة الممتدة بعرض مندرة العمدة حسان، عن يمينى العم فراج الدرج والذى تمسك بلية الخروف، يلتهمها وهو يغمسها فى الملاحة المخلوط بها الفلفل الأسود بالملح، ليعطي مذاقًا غير عادى للحم الضأن و ليته.

ذكر تقرير المستشفى العام أن سبب وفاة منسي (أبو غبان) ارتفاع نسبة الكوليسترول فى الدم بسبب أنه كان مفرطًا فى أكل لحم الضأن وتدخين الشيشة، هكذا قال الأطباء، في حين كشفت دراسات غير معلومة المصدر على مؤشر البحث إن لاعلاقة للحم الضأن بارتفاع نسبة الكوليسترول فى الدم، وجاء فى رد الشيخ (أبو مصعب): لو كان لحم الضأن فيه عيب لما نزل به جبريل ليفتدي به إسماعيل، مؤكدا أن لحم الضأن طعام أهل الجنة.

الجميع على الدكك المرصوصة بطول وعرض الفسحة وقد افترشها العمال، بعد أن قاموا بعمل بوابة كبيرة من الزينة أمام مدخل المندرة، وُزعت المراوح هنا وهناك، عناقيد لمبات الزينة والكشافات التى تنتظر المساء، دارت أكواب الشاى والسجائر والجوزة على الحضور لمن يشرب، البعض لايزال يتحدث عن تاريخ عائلة حسنين أفندى، والبعض غطّ فى نوم القيلولة على هواء المراوح التى تناثرت هنا وهناك.

صوت الميكرفون به زنة مزعجة وقت أن بدأ عم رجب الكهربائي يجربه ثم أطلق أذان العصر، وذلك إيذانًا للجميع أن يفيقوا فقد حان الوقت الذى ينتظرونه ويعدون له من أيام، وقد وردت الأخبار أن السيد الوزير والوفد المرافق له، سيكونون بالقرية قبل أذان المغرب.

أصبح الجميع على أهبة الاستعداد، خرج للتو وفدٌ من أكابر القرية يتقدمهم العمدة حسان بكل السيارات الملاكي والأجرة يسبقهم شباب الخيالة والزمارون ليكونوا فى استقبال الضيف الكبير عند مدخل القرية، علت الهمهمات وارتفع سقف الأمنيات، وكثرت الأقاويل، عن مفاجآت السيد الوزير لقريتنا فهو أحد أبنائها، ولن يبخل عنها بشيء.. من قال: إنه يحمل فى جيبه قرارًا بتعيين جميع شباب القرية.. وآخر، سيصطحب معه لفيفًا من الوزراء .....

إن مايحدث فى قريتنا اليوم حدث تاريخي، سيغير مجرى حياة البشر على أرض تلك القرية المنسية فى حضن الجبل فى أقصى الجنوب،

بات الجميع فى تحفز للقاء، كل من له طلب كتبه، وبيته فى جيبه حتى اللحظة المنتظرة، وقت أن يُنهى خطابه على المنصة ووعده لهم بحل جميع المشاكل، ومستعد لاستقبال أى صاحب شكوى أومشكلة فى مكتبي، فبيتي ومكتبي مفتوح لكم، هى الجمل التى تعودنا عليها منذ سنوات، من كل الذين تقدموا للترشح فى الانتخابات سابقًا، سواء من نجح منهم ومن لم ينجح، لكن هذه المرة مختلفة تمامًا، إنه ابن حسنين أفندى ابن قريتنا الذى صار وزيرًا، وجاء يلبى طلبات وخدمات أهله، لعله ابن عبد الواحد الجناينى ومعه الأميرة إنجى!!!

ارتدى الرجال أفضل الجلابيب الصوف ولفوا الشال المزهر والعمة، وبعض الشباب والمدرسين والموظفين ممن سيكون لهم دور على المنصة فضلوا أن يلبسوا بدلا وكرفاتات اشتروها منذ أيام من المحافظة.

انزويت فى حجرة صغيرة بالمندرة أرتب الجرائد والمجلات أتسلى فيها حتى يصل الحضور، كانت معظم المانشتات تتحدث عن المعركة الانتخابية الطاحنة التى يخوضها الحزب الحاكم، ومرشحوه من الوزراء ورجال الأعمال، وسط سخط وغضب المعارضة، تحدثت بعض المقالات عن ضرب تحت الحزام لبعض المقاعد، تلك التى يشغلها بعض الوزرء وأتباع النظام لحسابات أخرى.. قرارات جديدة للجنة الانتخابات عن توزيع الدوائر.

خبر زيارة سيادة الوزير والوفد المرافق لقريتنا موجود فى أغلب

الجرائد، حين خرجت من المندرة وجدت الجميع وقوفًا فى انتظار الموكب الذى تأخر كثيراً، جاءت الأخبار متناثرة عن التأخير، ثم التأجيل، ثم الاعتذار، عرفنا بعدها أن قرارات لجنة الانتخابات قد عدلت من وضع دائرة السيد الوزير، فخرجت قريتنا من نطاقها، وتغير مسار رحلة معاليه لقرية أخرى

تمت

القاهرة ٢٠/٦/٢٠١٤

فَـلَالِك

أنْ تُغلقَ أمامك كل الطرق والمنافذ،أَنْ تجدَ فى كل خطوة عِفريت- كما يقولون-فتتحول حياتك إلى مجموعة من الهزائم والانكسارات المتوالية، ما إن تفتح بابًا، تجد خلفه ألف باب ومتراس، أو تهمّ بفعل فتجد له مائة ردة فعل متشعبة الاتجاه.

قد تقرر السير فى درب، تُقنع نفسك-عبثًا-باختياره، فلاتبرح أن تصلَ إلى يقين بسوء الاختيار بعد قليل، لتجد نفسك قد عدت لنقطة الصفر من جديد، تحاول ثانية، تُجهد نفسك فى إثبات تهمة التقصير، فتترك للأقدار أن تُسيّر الأمور، فى دروب مظلمة بلا هدف تدخل المتاهة، تتخبط فى سكك وعرة، تتعثر قدمك، تشعر بالدم ساخنًا ينفجر كبركان وأنت تهرول محاولًا العودة لنفس النقطة، تلعن كل الظروف والأسباب التى جعلتك ذرةً فى مهب الريح تتقاذفها أنّى تشاء.

تتكالب عليك الدنيا بمشاكلها وصعابها، دون أن تترك لك فرصة للبوح، تكره حتى مجرد التفكير، الذي يتحول لعصا من نار تُقلّب جمرًا تحت رماد الذكريات الموجعة

: ماذا لو؟.. ولِمَ ؟.. وكيف؟ .. ومتى؟ .. وأين ؟

فى الغالب لاتصل لشيء، تشك بقدرتك أصلًا على التفكير، تحاول جاهدًا أن تتلمس فى شخص نصيحة أو مشورة، بإمكانها أن تأخذ بيدك للطريق الصحيح، آخر تشركه معك، دون أن يجلدك على قارعة الطريق عاريًا، أو يطيب الخاطر بما لايشفي من سقم، إن من يتلذذ بالماء البارد ليس كمن على جمر متقد يزحف.

كثيرا ما تسمع عن قيراط الحظ الذى يفوق فدان الشطارة، وأنت لاتملك هذا ولا ذاك، هى فقط الأمنيات تراها فى منامات اليقظة، تسرح فيها لحظات خارج الزمن المتاح، تتقمص شخصية، تتوحد معها، تسعى لامتلاك مقوماتها، سويعات تروح وتجيء تُوقن أنك صرتها، يشعر الأخرون بجنونك، تستمر وتخشى أن تستسلم، لكن مع دقات ساعة المجهول تتراجع، لتجد نفسك عند نفس النقطة اللعينة، فتقف عاجزًا عن القدرة، القرار، الاختيار، الفعل أو اللافعل، تشك فى كل شيء، فى الذات، الناس، الأهل، الأصدقاء، الأقارب، فى البيئة، المكان، الزمان، فى الحظ، القضاء، القدر، حتى تضعه هو موضوع السؤال.

يأتيك من يهمس»هل ستكفر ياهذا؟«، تنطقها بزفرة حارقة، مستغفرًا، ولا تجد الإجابة مطلقًا

تتساقط سنوات العمر أمام ناظريك، وينطلق المشيب فى الرأس المتصدع، يمتد أمامك كرش طويل يُقوس ظهرك، يهمس أطفالُ أصدقاءِ الأمس وهم يلعبون الكرة فى الشارع:»مهلا حتى يعبر العم الطريق«

أذكر مقالة أمى ذات الأصول الصعيدية ونصيحتها المتكررة لي دوما، بعدما شاهدت ولمست معي كل هزائمي، وقد ضاقت بها ذرعا، تراني كعود ذرة فارغ كوزه، ذابلة أوراقه تتخطفه الريح

«يابنى اسمع نصيحتي واذهب إليه، فنحسك لن ينفك إلا إذا انفك العمل، معمول لك بوقف الحال وضيق الرزق وغلق الأبوب وسد النفس، لقد جربتَ كل الطرق كل السبل، فما المانع أن تجرب هذا الطريق، أخشى أن أموت، وأتركك فى هذه الدنيا وحيدًا لا يرافقك إلا سوء حظك والطالع».

لاتزال كلماتها فى أذني، تحاججنى كلمة بكلمة ورأي برأي

«أوليس السحر مذكورا فى القرآن؟ والعمل والفك والربط من قال عنهم سليمان؟»

- يا أمي أنا من درست المنطق ومناهج العلم ، كيف لي ...

تظهر أمامي مشاهد قنديل أم هاشم، وقد تحطم وسقط الزيت وامتدت الأيدى والهمهمات واللعنات، فأنحني لأقبل رأسها، وأهرب لغرفتي بعدما ألقي لها بالبشارة كالعادة

- أمامي فرصة جديدة غدًا وسوف أحقق فيها مغنمي

أصعد درجات سلم البيت القديم، متساندًا على ترابزين خشبي، نسمة هواء صيفية تأتى من شباك المنور الداخلي المطل على بير السلم

المعتم أسفل الدرج، هنا كانت أول قبلة، بل أول انتصار بدا لي مبكرًا جدًا، هنا شعرت معها برجولة وفحولة تستشرف غدي، لمحت فى عينيها لمعة الحياة، وعلى شفتيها السخيتين مذاق الأمل الحلو قال أبي لعم حسين وهما يلعبان الشطرنج فى صالة شقته البحرية فى نهار رمضان :»أمنية لصابر»

"يوم المنى وهل سأجد أفضل منه لها»

أمر على باب شقتها فى الدور الأول، منذ زمن لم أدخل تلك الشقة البحرية، أعرف كل تفاصيلها الداخلية، كل حجرة فيها، المطبخ، الحمام،الطرقة المؤدية لحجرتها، البلكونة التى شهددت ميلاد الوله، وقسارى الريحان وزهره الذى تفتح أمامنا يومًا بعد يوم، ها قد جفتْ وسقطتْ أوراقه وتكسرتْ عيدانه.

قفلٌ نحاسي قديم على الباب، خيوط عناكب فى أعلى أركان الباب، أذكر يوم وفاة عم حسين التى أعقبت وفاة أبي بسنة تقريبًا، ومشهد نقل جهازها لبيت العريس الجاهز الذى وافقت عليه أمها دون تردد، طارت معه إلى بلاد النفط، قالت لي أمي يومها:»سوف أزوجك ست ستها»

كانت سمينة بعض الشيء بيضاء كالثلج، تصغرنى بأربعة أعوام، لاتجمعني بها أى خيوط إلا رجاء أمي الأخير، بعد ثلاث خطبات فاشلة،

وفقد ثمن القيراطين فى مشروع لم يكتمل، لم يكن أمامي إلا الموافقة مسلوب الإرادة، لعلها تكون الخطوة الصحيحة، وفك النحس، رحمك الله يا أمي

أطالع صورتها على الحائط الذى بهت لونه وكأنها تطل عليّ كعادتها، تربت على كتفي، ربما تشعر بأنها كانت خلف هذه الزيجة التعيسة، أم أنها ترثي لحالي من جديد وتحاول معي.

بعد خناقة طويلة كالعادة حول مصروف البيت وقلة حيلتى، ورفضي السفر مع أخيها للدولة الخليجية، تركت لى البيت ومضت تلعن نحسي ويوم زواجها مني، لاأعرف سببًا حقيقيًا دفعني لرفض فكرة السفر، لكنه قراري الذي ربما كنت أدرك نتائجه وردة فعلها بعدها، تتهمني بقلة الحيلة والجبن والنحس والفقر، لطمتهاعلى وجهها قالت": لو كنت رجلا طلقني»

فقال لى المحامي حتما سوف تأخذ كل جهاز الشقة، فلم يبق لي إلا الصورة على الحائط، وشنطة تحوي ملابسي، وبعض من أوراق الجرائد القديمة الصفراء تتناثرعلى أرضية الشقة، وصدى صوت مكرفون من بعيد يعلن عن مُولد الشيخ فلالك

مات فلالك ونصبوا له ضريحًا فى نهاية الحي كان يقصده الكثيرون، كلما مررت على الضريح تذكرت كلمات أمي فأمضي مبتسمًا، اليوم

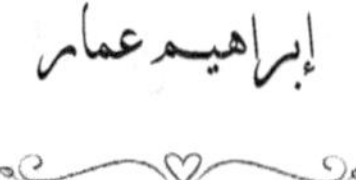

يتمدد فى مساحة الصالة الفارغة صوت المكرفون، أشم رائحة البخور التى كانت تطلقها أمي مساء كل جمعة، كنت لا أطيق البيت وقتئذ، وألوذ مسرعًا لشقة عم حسين.

اليوم أصوات الذكر تعلو، ضربات الطبول تزداد، الأخضر يتمدد فى كل ركن، نسوة يقبلن الضريح النحاسي، ورجال يمسكون بأعمدته يتضرعون، أدخل الغرفة المغلقة، تسألني السيدة ذات الوشم القابعة أمام المبخرة العتيقة عن طلبي، تتعثر الكلمات فى حلقي، أحاول الانفلات، تتسمر قدمي فى الأرض، تتحجر على شفتي الكلمات، فتخرج متقطعة: «أنا معمول لي عمل ياخالة»

تمت

القاهرة٢٥/٩/٢٠١٠

حسناء

«من الصعب أن تعيش امرأة مطلقة فى هذا المجتمع دون أن تدور حولها الشبهات»، هكذا لخصت لي حسناء مأساتها وما تعانيه فى البيت، ومن الجيران وشباب المنطقة الشعبية التى تقطنها، نظرات زملائها فى العمل، الأصدقاء والأصحاب، الرجال والنساء، لم تسلم من الجميع.

هى دائمًا موضع اتهام، ومادة للحكي على كل لسان، عيونهم تراقبها فى كل لحظة، تراهم خلفها فى الطريق، فى العمل، فى البيت، حتى إن دخلت الحمام ترى عيونهم تخترق أبوابه وحوائطه لتطالعها، كل حركة، لفتة، ابتسامة، وحتى الحزن محسوب عليها، إن تحدثت أوصمتت إن ضحكت أو حزنت، صاحبت أو خاصمت.

كل ذلك موضع سؤال وإن عرف الجميع مغزاه، دائمًا هناك من يحلل ويتقول ويأتي بألف إجابة تدور حول محور هذا الجسد الفائر كبركان يتفجر أنوثة ملتهبة يحتاج لهذا الذكر الأوحد الذى يروي عطشه وحرمانه.

نصيبها وحظها العاثر، جعل من سيرتها مادة خصبة لشهوات ورغبات وأمنيات الرجال، يتحسرون على هذا الجسد الفائر، الذي عجز

أمامه ذكره، فبات شهورًا يحاول وتحاول بلافائدة، منهن من قالت إنه تركها بكرًا...ربما

فى كل الأحوال لم يدم زواجها شهورًا، وبرغم سرعة زواجها للمرة الثانية من رجل مطلق، فإنه - لحظها العاثر- فلم يمض الكثير من الوقت حتى طلقها لرغبة أولاده وبناته.

ما من شك أنه مجرد أن تأتي سيرتها فى أي مكتب بالمصلحة أو جلسة بين الموظفين أوالعاملين حتى تثير جنون الرغبة فيهم وأمنيات الفحولة المصطنعة، يرونها فريسة سهلة المنال، جاهزة دون عناء، كسرت حاجز الخجل وفضت بكارته من زمن، ولم يعد بينها وبينه حجاب،كل الذكور يخطبون ود جسدها فى المصلحة، بعضهم يحاول معها، ربما فاز بتلك الفريسة السهلة الجاهزة، الكل يطمع فى جلسة منفردة، عزومة غداء أو سهرة عشاء، بل منهم من يشطح خياله، فيهمس بقضائها ليلة معه فى شقته، ويوم أن تغيبت عن المصلحة ثلاثة أيام لمرضها، قالوا ربما هربت مع أحد العشاق.

تشعر دائما بهمساتهم، سهام عيونهم التى تخترق جسدها تعودت عليها منذ زمن فلم تعد تتأثر، لكن تقضي ليلها حزينة تندب حظها، حاولت التأقلم والتعايش مع ظروفها، اقتنعت أنها لن تغير سلوك الناس من حولها ولن تغيّر نظرة المجتمع للمرأة للمطلقة، إلا بأن تعيش حياة الأموات تخنق الأنثى داخلها، لاتضحك لاتلبس،لاتضع مكياجها وعطرها،

تمشي كالرجال، تقيد حركة نهديها الصاعدين، وحتى إن فعلت كل ذلك، فلن يجدي نفعًا ولن يمنع همسًا ولمزًا .

لذا قررت أن تنتصر على كل ذلك وتتجاهله، حينما رأت فى رغباتهم الجامحة فرصة للسخرية والتعالى عليهم فتنظر لهم - كما صرحت بذلك - كذباب يعف على طبق من العسل دونما القدرة على السقوط فيه، تتحاشى زيارة صديقاتها إذ يخشين على أزواجهن من فتنتها، حتى مجرد السلام عليها أو الابتسام ولو فى محطة الأتوبيس من رجل أو شاب من شباب المنطقة صار تهمة وسبة، وهيهات لو ركب معها نفس الأتوبيس أوساقت له الأقدار أن يجلس بجوارها، ودفع لها ثمن التذكرة أو دار حديث لانتشرت أخباره فى جميع مقاهي الحي البيسط وعلى عتبات وسلالم كل بيوت الحارة.

وحيدة أبيها وأمها، فلما مات الأب بعد طلاقها الأول،ومرضت الأم بعد التجربة الثانية آثرت أن ترعى أمها، ولم تتعجل فكرة الارتباط للمرة الثالثة، مع مرور الوقت ألفت وحدتها وتعايشت، اكتشفت جنون العالم فى الرغبة وعجزه عن الفعل.

اكتشفت قدرتها على كتابة الشعر فارتادت نوادي الأدب وجالست الشعراء والأدباء ورحبوا بها، كانت موضع اهتمام فى كل ندوة وأمسية، عاشت حياتهم الليلية فى مقاهي وسط البلد، في البداية استعذبت رائحة الشيشة، ثم صارت علبة السجائر لاتفارق حقيبتها، تنفث دخانها فى

الهواء فيعبء المكان بروح أنثوية تثير فيهم رجولة متعثرة عن الفعل، حتى عندما وجدت نفسها فى قلب ميدان التحرير يوم المظاهرات- عن غير عمد- راحت تهتف فى حماسة، كمناضلة ثورية تطالب بحقوقها المسلوبة، لم تسلم من عيون وأطماع المتحرشين بها.

كانت أول تهمة لها فى مكتب التحقيق، أنها تمارس الدعارة مع الشباب فى الميدان، هكذا قال لها ضابط التحقيق بعد أن قرأ في البطاقة «مطلقة»، كان ذلك سببًا كافيا لعدم تحويلها إلى كشف العذرية كبقية زميلاتها، فلما أنكرت فاجأها ضابط التحقيق بالمضبوطات التى وُجدت معها: «قميص نوم بمبى مسخسخ وصابع روج وواقى ذكرى ومبلغ خمسمائة جنية، وعلبة سجائر محشوة بمخدرالحشيش».

القضية جاهزة والإنكار لا يفيد، وفى مثل وضعها لايمكن التكذيب، وعليها بعد ذلك أن تواجه مجتمعًا حكم عليها قبل أن يجد الدليل فكيف به والدليل رسمي مقيد فى دفاتر البوليس، من أجل ذلك قبلت العرض وانصرفت من مبنى مديرية الأمن.. ضميرها لم يعذبها كثيراً إذ شاهدتهم بعد شهور نجومًا فى الفضائيات وقد تذيلت أسماؤهم بلقب ناشط سياسي، أو خبير استراتيجى، فقد خدمتهم ربما كثيراً يوم أن أرشدت عليهم .

تضحك وهى تروي حياتها، كأنها تسخر من هذا العالم، تتحدث عن فشله الأول وهى ابنة الثامنة عشر وقد تفجرت فيها الأنوثة التى تكفي ألف رجل، فكانت صدمتها ليلة دخلتها، حينما أدركت عدم قدرته

على الفعل، حاولت مرات عديدة لكنه فشل، شهورًا تحاول يومًا بعد يوم، فلما ضاق بعجزه اتهمها بخيانته، فلما كشف عليها الطبيب، كان الطلاق حلًا للفضيحة، ترك فيها جرحًا تسبب فى وفاة أبيها.

بعد عامين ارتبطت بالثانى قريب لأمها من بعيد،كان مطلقا وله ولد وبنت، كانت فرصة سهلة وجيده له،سلمت نفسها له باحتياج ورغبة الحرمان، فلما ارتوى منها، ملّها وعاوده الحنين لولديه، لم تُطق كونها خادمة، أعاد زوجته الأولى إلى عصمته، فلما اعترضت طلقها.

كان ذلك هو محصلة لقائي الأول بحسناء، شعرتُ بحاجتها للحكي، أن تقذف كل ما بداخلها، كبركان ثائر يريد أن يلقي بحممه، لم أقاطعها، لحظة ولم أسألها، تركتها تتنقل من موضوع إلى موضوع ومن حدث إلى حدث..من المطعم إلى شارع فشارع.. وسط البلد..من الكافية لجلسة على النيل أمام ماسبيرو، تطالع صفحة الماء الرقراقة بشرود جميل ، مرت الشمس من فوق رؤسنا ثم مالت وانزوت فغربت واكتست سماؤها بفستان سهرة تزينه النجوم وأضواء النيون التى تتلألأ هنا وهناك على صفحة النيل، فلما أنهكها الحكي، قالت:»أصبتك اليوم بصداع وأثقلت عليك بحكايتي، لكني شعرت بالراحة

شعرت بواجبي نحوها، في اليوم الذى اكتشفت فيه حسناء زميلتي فى عملي الجديد بمصلحة الأوقاف العمومية والقائمة على تدريبى، فقد جلست معي ساعات طويلة فى العمل، أرهقت نفسها كثيرًا، لم تبخل

على بمعلومة، كنت أحب الجلوس جوارها فى بداية النهار أستمتع برائحة برفانها، نضارة وجهها الصبوح، كثيرًا ما سمعت من الزملاء كلمات وهمسات

-«يا بختك ياعم

- «لك نصيب»

-«خذ بالك لتقع »

لم أفهم مضمونها إلا اليوم، بعد أن قبلتْ عزومتي على الغداء، لأشكرها على مجهودها معى، رغم ترددي فى بداية الأمر، خشية أن تفهم طلبي خطأ، أو أن تحرجني بين الزملاء، لكنها قبلت مبتسمة كعادتها معي، منذ تعييني فى المصلحة، وبنفس العيون الواسعة التى تراقبني فى كل حركة منذ دخلت هذا المكتب، كنت أعتقد أن الأمرعادي فى البداية، شدّني اهتمامها الزائد، زاد من تطلعي ورغبتي كثرة الهمسات واللمزات التى تدور بين الزملاء عنها، كنت أشعر بحقدهم و غيرتهم، لكنني كنت أجد متعة فى حديثها، أشعر بشيء ناقص يوم أن تغيب عن المصلحة، مرة اتصلت بها فى العطلة لأسأل عنها، وجهزت سؤالًا فى العمل كنت أعرف الإجابة عنه، شعرتْ بحاجتى للحديث.. ربما، ومن أجل ذلك نفذ رصيد الشحن قُبيل الفجر دون أن ننهي حديثنا..

بداية العقد الثالث من حياتها، خمرية اللون تتدلى قصة الشعر

الأسود من منديل الرأس الذى يلم جزءًا كبيرًا من شعرها، قصّت لي أن مهارتها فى الطبخ تحول دون المحافظة على وزنها المثالي، لذا فهي تتمنى أن تتخلص من الوزن الزائد خصوصًا عند البطن و الأرداف، فى البداية كنت أشعر بالخجل من بعض الكلمات والألفاظ التى تأتي كشرارة نار بين شفتيها الحارقة بلونها القرمزي، عرفت طريقتها، تتحدث بعفوية مفرطة تطنب وكأني صديقتها المقربة دون خجل أو مواربة

ربما كان ذلك سببًا في طمع الآخرين، تخلع نظارتها الشمسية فتطالعني بعينين واسعتين لامعتين وأهداب ورموش مكحلة وحاجب محدد، أنف دقيق بارز على صفحة وجه خمرى مسحوب به بعض الندوب وبثغر ذى شفة غليظة، دائما ما تفوح منه رائحة القهوة والسجائر، تناثرت على جبينها حبات عرق خفيف تمسحه وهى تمرر يدها على وجهها وجبينها و تعدل من وضع منديل الرأس.

يوما بعد يوم تتلاشت الحواجز بيننا، أجدني فى لهفة لسماعها، والحديث إليها، لم يعد لكلام الآخرين معنى، ألازمها ساعات العمل لأفارقها، فتختلط أنفاسي بأنفاسها بأريج العطر النافث من حركة التفاتة رأسها أو رجرجة نهدها، وحتى ساعات متأخرة لاينغلق الهاتف عن محادثة طويلة تستغرق الليل، وأنا مستلق على سريري أسمعها وتسمعني، نبدأ بالسلام والاطمئنان ويدور الكلام فى الهواء دورته عن أحوال الأهل والأقارب والجيران وزملاء المصلحة حتي يصب فى خانة المشاعر والأريحية ومعاناة الوحدة والرغبة...

فى المصلحة بعد مدة تحاشوا الحديث عنها أمامي، لكن كنت أسمع الهمهمات تدور كطنين هنا وهناك، تقول لي : «إنهم يغارون منك».

أرافقها عقب دقات الساعة الثانية، وكثيراً ما كنت أتابع عقاربها التى تحول بين انفرادنا دون عيون الهمس ورطانة النظرات اللئيمة، تتسارع عجلة قطار اليوم لمحطته الأخيرة كومضة برق تفاجئنا بحلول الساعات الأولى من نهار يوم جديد، أخطو بها نحو مسكنها، لاتفارق يدي يدها إلا فى منتصف الطريق، تخطت مفردات الكلام حواجز الخجل وكل مسافات التظاهر بالزمالة أو الصداقة.

طلاقتها دائما ما تفتح لي الطريق، أشعر بنبضات قلبها تقول هئت لك، ونظرات عينيها تتكسر لحظة حكيها عن عجز زوجها الأول، وشعورها مع زوجها الثانى رغم نفورها من رائحته المقززة إلا أنها كجائعة أمام وجبة حامضة، تتساقط الدموع على خدها لتبلل أصابعي ، قطفت منها أول قبلة ، حكّت أخر مؤخرتها بي وأنا أمسك بخصرها رافعا إيّاها على سور الكورنيش، حضنتها، مارست العادة كثيرا وأنا أتخيلها،كنت سعيدًا مستمتعا طلقا، لم أر فى حياتي فتاة أو سيدة شعرت بها أوتفاعلت معها كحسناء.

كنت وحيدًا لأبي وأمي، علاقتي ببنات أعمامي وخالاتي وحتي بنات الجيران لاتتعدى علاقة الأخوة والصداقة.. مع حسناء لم أسأل نفسي يوما عن نهاية لعلاقتنا حتى فاجأتنى بسؤالها، ودار صمت طويل لمحته فى عيني أدركت أنها قد لا تستطيع الحصول على وعد مني،

فأطرقت منكسرة وذبلت ابتسامتها وهي تقول: «أعرف أننى مطلقة وأنت فتى، لكنك تحبني وأحبك»

شعرت بالعجز أمامها، خشيت أن تفارقني، أشعر بأنني سأفقد شئيًا كبيرًا، لا أملك أن أتخيل يومى دون حسناء، بعد كل هذه الشهور الطويلة من البهجة والفرحة والرغبة، كيف أصارح أبي وأمي ،بل كيف سأواجه العيون والألسن التى تأكلها أكلا كل يوم...شريط من الشهور يمر أمام ناظري، فكرتُ فى زوجها الأول وكيف عجز ذلك التيس أمام هذا الجسد الفائر، وكيف لم يستطع زوجها الثانى التمسك بها، دارت فى مخيلتي كل الحكايات التى تروى عنها، من قبّلها ومن لامسها، أو حتى كان أكثر مني جرأة وحكى أنه عاشرها، من يدري ربما سبقني إليها؟ هي لم تمانع في شيء معي، كانت تشعر بي وأنا أحك جسدي بها أتعمد ملامسة نهدها، يوم قبلتها وضممتها بقوة، شعرت برغبتي فيها ولم أجد منها مقاومة، لوكنت حاولت ربما...

كنت مدفوعًا دائما نحوها بدافع الغريزة والرغبة، يكاد عقلي ينفجر، لأول مرة منذ شهور تمر على ليلة كئيبة كتلك، شل عقلي من التفكير، لم أهاتفها ككل ليلة، نهضت من فراشي مع دقات المنبه المزعج جدًا هذه المرة منصرفًا إلى الحمام، رشفت قليلا من الماء على وجهى، لم أغتسل ككل صباح، ارتديت على عجل قميصي وبنطالي وذهبت للمصلحة، أثر الإرهاق كان واضحًا، أشعر بكل حوار جانبي كعادة المصلحة أنني وهى طرف فيه، شعرت باختناق وضيق، تحاشيت الحديث أوتناول

الإفطار معها، تحججت بتعب فى المعدة، وانصرفت قبل الميعاد، أسير فى الشوارع بلاهدف، تحاشيت أن أمر بأي شارع سرت فيه معها، وكأننى أتحاشى عيون من شاهدونا...

شعرت بدوار خفيف، كانت مفاجأة عودتي للبيت مبكرا تستحوذ على اهتمام الجميع، لولا مفاجأتي لهم بقبول الزواج من ابنة عمي، فطارت زغرودة من أمي تجلجل أركان الشقة،و توجه أبي على الفور إلى الهاتف ليحدد الميعاد مع أخيه.

فى ليلة الزفاف حضرت حسناء مع زملاء المصلحة، فى أجمل زينتها، لم تفارقها ابتسامتها، تمنيتُ لو نهضتُ من الكوشة وأخذتها فى حضني وهربت بها بعيدًا، نظرت فى عينيها وهي تسلم علي، راقبتها تقبل عروسي، كان فستانها ضيقًا على مؤخرتها تخيلتها فى حجرتى وأنا أضم عروسي، شعرت برهبة أن أكون مثل زوجها الأول، أصابني هذا الشعور بالضيق والجزع والخوف الذى تملكني للحظات، حتى رأيت قطرات الدم تروي قطعة القماش البيضاء المفرودة على ملاءة السرير.

طرت إلى المصلحة يوم انتهت إجازة عرسي، كنت أتحرق شوقًا لأراها، قابلني الزملاء بالترحاب والتهنئة حتى الموظف الجديد فى القسم، مدت لي يدها مصافحة و ابتسامتها العذبة لاتفارق وجهها النضر، حاولت طوال اليوم أن أجذبها بنظرة عين أو ابتسامة أو أفتح معها بابًا للحديث، أقول لها ما بي، لعلها تغفر لي، أعيد ما كان.. ، لكنني أتراجع وأشعر بالخجل فقد طعنتها طعنة بالغة.

أراقبها طوال اليوم، لم تنته همهمات الزملاء وهمساتهم كالعادة، وهي مشغولة بتدريب الزميل الجديد، أتابع عقارب ساعة الدوام حتى تأذن لي بملاحقتها، لن أتركها تفلت مني قبل أن نتحدث، ستتفهم وضعي، ستغفر لي، سنعوض كل مافات آخر لقاء بيننا، أعتقد أنها فى شوق لي، ستذوب فى يدي مع أول لمسة، اللعنة على عقارب الساعة والوقت الكئيب.

على سلم المصلحة كنت أنتظرها، خرجت وضحكاتها تنثر فى الهواء انطلاقا وبهجة، خطواتها متلاحقة، أتحرك خلفها بعيدًا عن عيون الزملاء حتى نتلاقى فى نهاية الشارع المعتاد، فى اتجاه المطعم، وكأنها تقرأ ما أفكر فيه، أمام مدخل المطعم أنتظر..كانت والموظف الجديد تتأبط ذراعه، قبل أن يدلف بها داخل المطعم.

قال زميل فى المصلحة:» شاهدتها تركب تاكسي بالقرب من مسكنه»... قالتْ أخرى فاتها قطار الزواج:»هذه البنت فاحت رائحتها فى المصلحة، ربنا يستر علينا»

تمتم الجميع وأنا معهم : آمين

تمت

القاهرة ٢٠١٤/٧/٢١

مكتبة الاسكندرية

اكتست بحمرة الشفق تلال السحب حاضنة شمس الغروب، تتوارى شيئًا فشيئًا خلف هضاب الموج الهادر فى زحفه المقدس نحو الشاطئ، فما أن تبلغ أعتابه حتى تنساب إلى حضن البحر مهدهدة، يغلف صفحتها بريق الذهب اللامع...تتهادى حتى تلامس خد الرمل، تقطفُ قبلة الوادع قبل أن تعود إلى مثواها الأخير، السماء الأم بفستانها الأزرق ذي الوردات الحمر فى مفرق المغيب، تُلقي بحبات المطر رشة ملح تحصن عروس البحر.

على الجانب الآخر من نهر الطريق تراقب حركة السيارات فى الاتجاهين، تترقب وصول أفواج الزائرين العرب والأجانب،على مدرج سلالم مدخل القبة السماوية تمد يدها السمراء النحيفة الصغيرة، تجلس القرفصاء ترتدي جلباب الدمور المهترئ، بوجهٍ طفولي صغيرٍ شاحبٍ، كسته لفحة الشمس لونه القمحي، تتناثر خصلات شعرها المهوّش الفاحم على جبهتها الصغيرة وأكتافها، كقنفذ يتخفى خلف فروته الشوكية.

الكثيرون يمرون من هنا، قليلون من يعيرونها اهتماما، والأقل من يعطف على حالها بمصمصة شفاة أو كلمة حرام، والنادر من يلقي إليها بقطعة نقود أو فاكهة، كسرة خبز محشوة بالجبن أو الطعمية، مرة واحدة تتذكرها بحزن وأسى عندما أعطاها رجل سمين سندوتشًا محشوًا باللحم ووضع بيدها جنيهات ورقية، بعدما أجلسها فى حِجره للحظات وهو يهتز داخل سيارته الكبيرة، دار بها وسط الميدان، تم أنزلها حيث تجلس.

حان الآن موعد مرور السيارة، تحفظ موعدها عن ظهر قلب، تراقبها كل يوم فى الذهاب والعودة، فى مثل سنها ينظرون إليها، تتابعهم حتى يتلاشى كل شىء أمامها، تخيلت نفسها معهم، بل إلى جواره، من ينظر إليها فى كل مرة، ترقبها عيناه من زجاج السيارة الخلفي، تشعر به يناديها، لم تتحقق بعد من ملامحه الصغيرة يوما رأته يشير لها بيده فظلت تلوّح له.. حتى اعتادته فى اليوم مرتين، فى كل مرة تمر فيها السيارة، تحفظ النقوش المرسومة عليها دون أن تدري لها معنى، غير أنها سيارة تلاميذ المدرسة التي فى نهاية الشارع.

تنعكس منها أشعة الشمس بزاوية حادة وقت العصاري فى اتجاه البحر وعلى الكورنيش، يضوي أسفلت الشارع كمرآة ترى فيها انعكاسات الضوء الشارد من السيارات فى كل إتجاه، يشع منها ضوء أبيض تتناثر أشعته فى كل اتجاه، يغمر وجه الأرض وصفحة السماء،

نصف دائرة من النور تبعث للكون سنا من النور، وتحمل بين جدرانها وفى طيات مخطوطاتها تجربة الحياة على الأرض، يشع الضوء الأزرق من قبتها فتأخذ شكل الكوكب المائي وهو يستشف الضياء.

جالسة كعادتها، تمد يدها وتنتظر يد العطف، تترقب سيارة الأمل تمر فى ميعادها المحدد، تشاغلت عنها بتلك السيدة السمينة التى ألقت بثمرة التفاح فى حجرها وهى تعبر الطريق، ورجل يمر بجوارها يضع فى يدها جنيها من الورق.

انتبهتْ لميعاد السيارة التى مرت للتو من أمامها، فراحت تراقبها من بين أرجل ذى القامة الطويلة غير مبالية بما يُلقى فى حجرها، إنها سيارة الحياة فى دورتها الأخيرة لهذا اليوم،هو ينظر إليها من زجاجها الخلفى، كعادتها تبتعد شيئا فشيئا السيارة، انتبهت للجنيه الورق فى يدها وقطعة التفاح، مدت يدها للكيس المعلق فى رقبتها فوضعته فى حجرها وبدأت تعد، تحسب حصيلة اليوم، آن وقت المرواح، مدت بصرها بعيدًا.. يالها من مفاجأة السيارة لم تغب لاتزال هناك، ماذا حدث ؟ هل توقفت من أجلها ؟ أم تعطلت؟!!

أوراق شجر الخريف وذرات التراب وعفار يعبء المكان، نوة البحر التى هبت لتوها تعصف بكل شىء، تحرك ثوب الدمور عن حجرها، فتتطاير أوراق النقود، تهم لتمسك بها، تنهض مسرعة، قطع النقود الفضة تتدحرج هنا وهناك، إنها حصيلة يوم طويل، تحبو على ركبتيها

الصغيرتين تلم من هنا وهناك، قطعة قطعة وورقة ورقة، بعض الأوراق تطير إلى المدرج، تحاول اللحاق بها.

لكنها فجأة تتنبه لهذا الواقف أمامها، فترفع رأسها، إنه هو، بشعره الناعم الطويل يتطاير مع الهواء، وعينيه اللامعتين كبريق الماس، بشرته البيضاء الناعمة ورائحة القرنفل تهفهف عليها، شنطة المدرسة المعلقة على ظهره، ملابسه الأنيقة الزاهية وحذائه اللامع، نعم هو ، يقف أمامها تتشاغل به عن جمع نقودها فيبادرها : هل وجدت كل النقود

: ليست كلها

ببراءة يشوبها الانكسار تستطرد: باقي جنيه ورق

:ممكن أن تبقي بعض الوقت فقد يعطيك أحد غيره

:ورديتي انتهت ولابد أن أعود

: أنا سأعطيكِ الجنيه الضائع

تبتسم فتلمع بعينيها نظرة الرضا، يشرع فى تنزيل شنطته، يجثو على ركبتيه إلى جوارها، يفتح الشنطة فتقع بعض الكتب على الأرض.. لوحة زيتية لغابة خضراء تتعانق أشجارها وسماء صافية تطل منها أشعة شمس فتلقي بضيائها وظلال أشجارها على أرض تحتضن ولدًا وبنتًا فى مثل سنهما يلعبان، كرة تطير فى الهواء، الحمام والعصافير ترفرف على رسمة الغلاف، مدت يدها، تقلب فى صفحاته تشاهد الصور والألوان

الكثيرة الزاهية، تنشغل عنه فينظر إليها وقد أخرج الجنيه من حافظته وناولها، تنظر إليه ولايزال الكتاب بين يديها، كأنها تحاول الاحتفاظ به، تبادره بابتسامتها الناعمة

: كتبك حلوة وبها صور كثيرة وجميلة

: وأنت، كتبك ألا يوجد بها صور؟

: لا يوجد عندي كتب أصلا

: ألم تأخذي كتب المدرسة بعد ؟

: مدرسة، لا أذهب للمدرسة

: لماذا؟

تمط شفتيها الصغيرتين، وترفع كتفها بحركة تعبر عن عدم معرفتها السبب

: بابا رافض ذهابك للمدرسة

: بابا ، لا أعرف أين أبي

: مسافر؟

تعيد نفس حركة الشفاة والكتف واليد بعدم المعرفة وعدم الاهتمام

: مع من تعيشين؟

: مع أمى و إخواتى ،هل لك إخوة مثلي ؟

بابتسامة بريئة يهز رأسه بالإجابة

: مايسة

: هل تذهب معك للمدرسة

: لا إنها صغيرة، ستذهب العام القادم إلى kg1 ،وأنت عندك إخوة؟

ترفع يدها وهى تعد على أصابعها وكأنها تتذكرهم

: صبحي وعلى وفوزية وسيدة ....

: ما اسمك

: سعيدة ، وأنت ؟

: مازن

: مدرستك جميلة ؟

: جميلة جدًا وأنا أحبها لأنني أتعلم فيها أشياء كثيرة، وأنا مشترك فى الإذاعة المدرسية، وكثيراً ما نذهب فى رحلات جميلة

: هل ذهبت لحديقة الحيوان ؟

: نعم والمتاحف والأهرام ومكتبة الإسكندرية تلك، هل دخلتي

هذه المكتبة ؟ إنها رائعة وجميلة.

تهز رأسها بالنفي وهى تتطلع خلفها لصرح المكتبة والقبة السماوية

: ما رأيك لو ندخلها معا، أنا أعرفها جيدًا

تهز رأسها بالموافقة وعلى شفتيها الصغيرتين ابتسامة حلوة، يهمُ واقفا وهو يمسك يدها الصغيرة فتنهض، يقول لها وكأنه يلقي بعض التعليمات

: أولا يجب أن نقطع تذكرتين للدخول

نظرتها تعطيه إذن بالطواعية والتبيعة بابتسامة بريئة، يتقدم نحو شباك التذاكر، وهى تلم كتبه وتضعها فى الشنطة وتحملها وتمضى خلفه، من بعيد تظهرسيارة المدرسة واقفة والسائق لايزال يُغير العجلة والمشرفة وبعض التلاميذ حوله يحاولون المساعدة، يتوقفان عن السير فى اتجاه الشباك فجأة، فتبادره من خلفه وقد بدا عليه نوع من الإحراج والخجل ممسكًا ببضع الأوراق النقدية

: النقود معى لا تكفي لتذكرتين

تبتسم هى وتخرج كل ما فى جيبها من نقود وتضعها فى يده، تلمع عيناه فرحًا ويبرق فى عينيها الأمل يسألها

: وماذا ستقولين لهم عندما تعودين؟

بنفس حركة شفتيها والكتف واليدين، تشير بعدم المعرفة واللامبالاة، لكن تنطلق منهما ضحكة صافية، فيضع يده فى يدها ولاتزال الشنطة معلقة على ظهرها، يطوحان يديهما فى الهواء تطير بقدميها الصغيرتين على رخام الممشى، يتجهان إلى شباك التذاكر.

: مااااازن

صوت المشرفة جاء حازمًا وصارمًا من الخلف

: تعال هنا بسرعة

تتسمر حركته فجأة، يستديرعائدا للمشرفة، تخلع الشنطة وتناولها له، ينظر إليها .. يضع فى يدها كل النقود.. يمضي، يداعب الهواء البارد خصلات شعرها وجلباب الدمور، تفارقها ابتسامة لم تكتمل بعد، تنظر إليه تتابع خطواته من مكانها، يركب مع زملائه السيارة، تتحرك شيئًا فشيئًا، تبتعد، وتبتعد، حتى تتلاشى ...

على درج المدخل هناك كتاب منسي ، تتقلب صفحاته مع حركة الهواء، تتطاير إلى جواره أوراق الشجر وورقة نقدية مفقودة، تستقر داخل إحدى صفحاته ويغلق الكتاب دفتيه.

تمت

الاسكندرية ٢٠ / ٤ / ٢٠١٢

الجلوس في الصف الأول

ألقيتُ بجسدي المنهك من عناء يوم طويل، كالعادة على السرير الذى انبعجت وتحوصلت فى زواياه وباطن مرتبته قطع القطن، كهضاب ووديان حجرية تفوح منه رائحة زرنخة قديمة، تذكرني بالسنوات الأولى لمولد أحمد، بقايا البقع المتداخلة، من الشاي والحلبة وأشياء أخرى، كرمشة فى متوالية لانهائية تتمدد على ملاءته الخفيفة ذات الخروم السوداء من فعل سيجارة ماقبل النوم أو ما بعد نشوة اللذة المعتادة.

تتمدد خيوط العنكبوت فى ركن الحجرة ما بين السقف الداني والجدار الذى اصّفر لونه كسحابة صيف خانقة، أزيز صوت صاروخ الحداد أسفل الشباك ينحت فى جدار أذنى منذ زمن، تدخل حاملة كوب الشاي يدخل هو خلفها ويعتلى السرير بقامته القصيرة ونظارته الصغيرة المقعرة تأكل نصف وجهه؛ ليأخذ مكانه إلى جواري.

: بابا، أنا جبت الدرجة النهائية فى امتحان الشهر

أخذته فى حضني وأنا أضع قبلة على خده

: شاطر ياحمادة، أنا عايزك دايما تطلع الأول

تبسمت بحسرة وهى تضع كوب الشاى بيدي

: مظنش، طول ما مُدرسة الحساب حاطاه فى دماغها كل ما يطلع قدام ترجعه ورا

أشعلت السيجارة الأخيرة فى العلبة، يتطاير دخانها كحيات تسعى فى الهواء تمتزج ببخار كوب الشاى، ورائحة الكبريت تملأ المكان

: إنتِ مش روحتي لها الإسبوع اللي فات، وقلتيلها إن نظره ضعيف وقصير وما بيشوفش ورا

بتنهيدة منكسرة، وهى تهش ذبابة تدور فوق كوب الشاى.. تمددت خيوط الدخان فى أرجاء الغرفة.

: روحت لها بس مفيش فايدة رجعته تانى آخر واحد، إنت لازم تروح بنفسك للمدير وتشتكي له

نفس عميق من السيجارة، وقد تمددت رئتي قبل أن يضغط عليها الحجاب الحاجز بقوة لينفث دخانه فى الهواء، رشفة الشاى تحاول البحث عن مجرى لتستقر فى معدتى التى بدأت تشعر بحمل ثقيل، أحاول التخلص من هذا الحوار الذى قد يكلفني ضياع ساعة الراحة من عناء يوم طويل، وقبول سماجة الأسطى حتى يأذن لي بالذهاب لمقابلة تلك المُدرسة..أتمنى لو يناولني أحد رقبتها الآن!!.

:يوم الأحد أجازة أبقى أعدى عليها

: مينفعش، مش بيقابلوا أولياء الأمور إلا يوم الخميس بس

كانت تطبق بعض الملابس الداخلية وتضعها فى درج صغير أسفل الدولاب، أخر نفس من السيجارة قبل أن تنغمس فى التفل، فتتصاعد بقايا من الدخان، أناولها الكوب وأنا أشد الكوفرتة على جسدي

:الخميس الجاي حستأذن ساعة من الورشة وأروح لها

أتذكر آخر مرة دخلت فيها المدرسة الإعدادية الملحقة بمبنى المدرسة الابتدائية منذ عشر سنوات حينما طلبوا شهادة المؤهل لضمها لملف السفر إلى الخارج وقتها قال لي الموظف

: أنت ساقط ابتدائية يعني ملكش شهادة ولو عايز تاخد شهادة تدفع رسوم وتدخل الامتحان السنة دي

وقتها أشار عليّ عم حسنين فراش المدرسة،عن علم وخبرة

: من الأحسن تكتب من غير مؤهل بس بتقرا وتكتب، الخلايجة مش بيحبوا العمال المتعلمين وخصوصا المصريين بيخافوا منهم ومش بيشغلوهم بيجبوا بدل منهم البنغال أرخص وأضمن

تآكل سور المدرسة القديم وقد شبت الطريق المؤدية إليه بفعل أعمال الحفر والرصف والهدم والبناء التى دارت فى محيطه منذ زمن، جذع شجرة التوت المقطوعة، باب المدرسة الحديدي مُجنزر، مات عم حسنين منذ سنوات كمدا، بعدما جاءه جثمان ابنه من الدولة الخليجية،

دهسته سيارة مجهولة هناك، قال لي والدي وقتها مبررًا رفضه السابق دفع مبلغ الألفي جنيه لمتعهد السفريات

: إحمد ربنا كان زمانك دلوقتي جايلي فى كفنك زي ابن عمك حسنين، الكفيل دهسه بسيارته لإنه شك فى علاقته بمراته

تهلل وجهه الصغير وقفز من آخر الصف؛ ليمسك يدي على باب الفصل، وأنا أتحدث مع المدرسة التى أخرجت كشفًا من حقيبتها، وراحت تراجع فيه اسمه وسألتني عملي

: صنايعي فى ورشة خراطة

هزت رأسها دون أن تنظر لي، وقالت للولد القابض على يدي بقوة

: إنت بتاخد درس عند مين؟

استفزني سؤالها

: هو مابيخدش دروس دا لسه فى تانية ابتدائي

: ماهو علشان كدا مستواه ضعيف

:يا أبله أنا بقولك نظره ضعيف، وقصير، ولما بيقعد ورا ف آخر الصف ما بيشوفش السبورة

بامتعاض شديد وبحدة وهى تلوح بيدها

: أهو دا اللى إحنا فالحين فيه ما نبطلش فلسفة، نسيب المشكلة ونمسك فى الفرعيات، ابنك يا أسطى عايز يتقوى فى المادة، أما موضوع يقعد ورا يقعد قدام مش فارقة كتير.

تلوح لي بيدها محاولة إنهاء الكلام معي

:وبعدين أنا مش فاضية ومعنديش وقت أضيعه معاك، عندك المدير روح اشتكي له

تراجع صغيري وترك يدي، يطالعني بقامته القصيرة بعينين لامعتين، ربما شعر بهزيمتى أمامها فاستسلم ليدها وهى تسحبه داخل الفصل

: روح أقعد مكانك

تحرك برجليه الصغيرتين ببطء إلى آخر الصف، كان ينظر إليّ بعينين منكسرتين

: دي مش مدرسة دي عزبة أنا حوريكِ أنا لازم اشتكيكِ للمدير

هكذا حدثتُ نفسي وأنا أهبط درجات السلم من الدور الثانى حتى لافتة مكتب المدير، فاندفعت بكل جرأة كان يتحدث فى التليفون الأرضي وكثير من الأوراق والملفات على المكتب بعض الكؤوس والشهادات فى دولاب صغير وصورة السيد الرئيس أعلى كرسي المكتب، ومروحة سقف تدور

: يافندم دا شرف لينا، وبكرة حيكون الترشيح على مكتب حضرتك، مع السلامة، فى رعاية الله

واضعًا السماعة فى مكانها ومنتبهًا لي، بوجه باش

:أهلًا وسهلًا تفضل، خيراً

ارتعاشة غضب انتابتني وقد تعثرت الكلمات على شفتي مرة أخرى، عبارات غير مفهومة ومتقطعة وبصوت مرتفع، تعامل معها المدير بابتسامة باردة وكوب من الشاى وسيجارة ومرت لحظات، خرجت من باب المدرسة إلى الورشة إلى البيت سألتنى

:عملت إيه فى المدرسة النهاردة، أحمد بيقولي إنك زعقت مع الأبلة

هززت رأسي وأنا آخذ أخر بق من كوب الشاي مع أخر نفس من السيجارة: اشتكيتها للمدير وهو حيعمل اللازم

وهى تتناول مني كوب الشاي و تستدير للخروج من الغرفة

: بيقولوا المدير دا بتاع كلام وبس، ومبيعرفش يعمل حاجة مع المدرسين وخصوصًا الأبلة دي لإنها واصلة

تذكرت لحظة وقوفي أمام الابلة، وعدم قدرتي على ردها، وهى تعاملني باستخفاف، وتزعق فى الولد أمامي، وتعثر الكلمات على شفتي، ولكن تصرف المدير كان غاية فى اللطف واستطاع أن يحتوي المشكلة،

ووعدني بالحل وهو رئيسها فى العمل، وبالتأكيد ستخضع له، وربما نهرها أو أعطاها جزاء، بخصم يوم من راتبها، بالتأكيد غدا ستعيد الولد لمكانه، وستتحاشى التعرض له مرة أخرى، وربما جاءت للبيت تعتذر حتى أصفح عنها، فكيف تقول ذلك هذه المرأة البلهاء عن هذا الرجل المحترم الذي استقبلني وأحسن ضيافتي ووعدني بحل المشكلة، أكيد سيفعل

حاولت تغيير الموضوع وأنا أشد الكوفرته على جسدي

: ألا الود أحمد فين

وهى تطفىء النور وترد باب الغرفة

: بيلعب مع العيال فى الشارع

أجذبها تحت الكوفرتة وأسفل جسدى بدون مقدمات أتوق لسماع صوتها وهى تتألم تحتي ، صورة الأنثى المنكسرة أمام إرادتي

كان يوم الأحد ماطرًا، وقد خلت الشوارع من المارة فى هذا الصباح البارد من منتصف طوبة، نصحنى محمود الذى يعمل بالورشة معي بعد أن تخرج من الكلية ولم يجد عملًا، أن أذهب للإدارة التعليمية لأرفع شكوى لمدير الإدارة التعليمية، حتى لا تضيع السنة على الولد بعد أن تحولت وعود المدير إلى مشاوير بلا فائدة.

كان الرصيف مجددًا وبعض قسارى الزرع والورد على جانبي المدخل وسجادة حمراء تتدرج مع السلم، سألني موظف الاستقبال عن

وجهتي فلما أخبرته، قال

: تعال بكرة علشان النهاردة فى احتفال والسيد الوزير حاضر بنفسه

حاولت أن أشرح له عدم تمكني من الحصول على إجازة من العمل إلا الإسبوع القادم، لكنه صدني بحزم وقال

: ياأستاذ مش حينفع الإدارة كلها فى حفلة السيد الوزير

تراجعت بخطوات للخلف تراءت لي نظرات أحمد، وهو يختفي بحجمه الضئيل خلف التختة فى آخر الصف، وسؤال أمه الذى لاينتهي عن مستقبله الذى سيضيع، منكس الرأس وكأن جبلًا فوق عنقي، وقدمى لم تعد تتحمل جسدي المتعب.. صوت رئيسه فى العمل عاليًا وهو يقول

: القاعة فاضية فين المدرسين والصحفيين والناس اللى وجهتولهم دعوات

: يافندم إحنا بعتنا لكل مدرسة تبعت عدد من عندهم بس محدش جه

: اتصرف يابنى أدم منظرنا بقى وحش حفل فيه الوزير والقاعة فاضية

كنت قد استدرت للخلف فسمعته ينادى:أخينا، إنت ياأستاذ

التفت إليه وأيقنت، مايريد وكأنها دعوة السماء، فهززت رأسي له وتقدمت ناحية السلم ذي السجادة الحمراء، دلفت إلى المدخل، القاعة

مجهزة، مقاعد وثيرة ومنصة عالية خلفها صورة السيد الرئيس والعلم وخلفية من قماش مكتوب عليها (حفل تكريم المعلم المثالى)

يجلس على المنصة ثلاثة أشخاص تتورد خدودهم بالدماء ولمعان بياض ناصع، يرتدون بدلا وكرفاتات أنيقة، ضوء أصفر ينبعث من كشاف كبير خلف كاميرا التصوير، تقدمت خطوات الوزير يكرم بعض المدرسين، رأيت قفا مدير المدرسة من الخلف وهى تجلس بجواره، حدثت نفسي

:إنها فرصتك أن تجهز عليهما الآن

صوت المنصة يعلن عن أسماء المكرمين، بفستانها الأزرق ذي الترتر يتلألأ مع ضوء الكشافات وهى تصعد إلى المنصة.

تمت

القاهرة ٢٠٠٧/٩/٣٠

أشياء تافهة

ما إن تفقد لبيسة القلم الجاف أوينتهي عمرها الافتراضي المؤقت بكسر المشبك أوعدم قدرته على ضم مقدمة القلم، لحظتها تبدأ المعاناة الحقيقية مع هذا القلم الذى أصبح عبئًا ثقيلًا، يُخيل إليّ كرمح يتحين الفرصة لتسديد طعنة غادرة لصاحب النصيب، فى الغالب لاأحمل حقيبة، ومسألة وضع الحاجات والأقلام فى درج المكتب شىء غير مأمون، ويعد أمرًا غير محمود العواقب، فربما يطفح القلم على الأوراق والملفات، ويتسبب فى كارثة كبيرة.

ومن المستحيل أن أضع قلمًا بهذا الشكل فى جيب قميصي أوالبنطال، ففى الغالب سينتهي بكارثة محققة، ولهذا فإنني أعمد فى مثل تلك الحالة على مجموعة من الحِيل للتخلص من هذا القلم اللعين.

وتبدأ تلك المخططات الخبيثة التى أديرها من مكتبي القاطن بالدور العاشر بمبنى إدارة التأمينات والمعاشات بمجمع التحرير.

أترك القلم على طرف المكتب الأمامي، متجاهلًا أيّ حركة مصطنعة من أحد السادة الزملاء المتنطعين فى المصلحة أو الجمهور الذى يطن فى أذني كذباب الصيف طوال اليوم، بالضرب عليه فى جيبه بعد طلبه

لقضاء حاجته، معتقدًا إنني غير واعٍ أو مدرك لما يقوم به، فأنغمس فى أوراقي، لا أحاول شد انتباهه حتى ينسحب من جوار المكتب فى هدوء، وقد تأسرني فى عينيه نظرة ارتباك، وأنا أتابعه من خلف زجاج النظارة المقعرة.

ومرات قد يستفزني أحدهم بابتسامة بلهاء، وهو يعيد لي القلم مرة أخرى مقدمًا آيات الشكر والامتنان، أى نوع من البشر أولئك الذين يعتقدون فى ترك صيد ثمين بعد اقتناصه، مثاليات يتصنعونها، يحاولون تجميل عجزهم أوقلة حيلتهم، وربما الخوف من الهجوم عليه فى قفزة مفاجئة فأستخلص صيده الثمين، أعتقد أن الجبن يصنع منا أحيانًا أناسًا مثاليين، على الأقل هذا ما نقنع به ذواتنا.

أحلف عليه بأغلظ الأيمان، وبقلب جامد، أتصنع فضيلة الكرم الزائدعلى غير العادة، إنه لايلزمني وعليه أنْ يستبقيه معه قد ينفعه فى أى وقت، فيزيدني استفزازا حينما يكرر شكره وامتنانه وتقديره، ويضع القلم على المكتب ثم يمضي، فتتحرك شفتاي خلفه وكأنها تجذبه من أم قميصه أوتطبع على قفاه قلمًا أوبصقة.

لكنها لحظات حتى يقع صاحب النصيب فى الّشَرك، ويكون قلمي العزيز من نصيب صاحب القسمة..كقرد مسلسل وقف أمام المكتب يتصنع البشاشة بابتسامة صفراء فاقع لونها تثيرالاشمئزاز، يتفصد من جبينه عرق نازف، ورائحة فم عطنة طالتني عن بعد، يترددعلى المكتب

منذ أسبوع يسعى لإنهاء أورق معاشه المبكر، منذ طالعت سحنته لأول مرة شعرت بعدم ارتياح، منظره مقزز لنفسي، حاول أن يعزم عليّ بسيجارة كليوباترا بوكس، فنظرت له نظرة قرف: لاأدخن

هناك أناس عندما تلقاهم منذ الوهلة الأولى تشعر بعدم الارتياح لهم، ولايتغير هذا الإحساس حتى مع مرور الوقت، ولاتعرف لذلك سببًا محددًا...بعدما أنهى التوقيعات اللازمة فاجأني بطلبه، الذى فتح شهيتي وربما لأول مرة لاأنظر له بقرف وإن كنت أحاول عدم المبالغة فرحًا كردة فعل لطلبه، فأشرت له بموضع القلم دون أن أنظر له وكأننى مشغول فى حل لغز السودوكو، فاقتنصه وهو يتمتم بالشكر والعرفان، وأنا قلبي يبظ من مكانه يتابع ما سيفعل، راهنت نفسي أنه سيضرب عليه، تلك النوعية السمجة من البشر يحاولون اقتناص أي شىء من الدنيا، خشيت أن أخسر الرهان مع نفسي فقمت وخرجت من باب المكتب تصنعت الذهاب للحمام، حتى تكون الفرصة سانحة له فى إتمام مهمته، ما أروع أن تشاهد حرامي يسرق.

قرأت يومًا إن السرقة ربما تكون هواية وليست للعوز، فالعاملون فى الفنادق الكبيرة دائمًا ما يشكون من نزلائهم الأجانب وعِلية القوم، حينما يكتشفون سرقاتهم لأشياء بسيطة وربما تكون تافهة مثل ملعقة أوشوكة أوملاءة سرير، صابونة وش، هي أشياء رغم تفاهتها لا تساوى بقشيشا يدفعه هؤلاء، لكنهم يدمنون فعل ذلك، يشعرهم بلذة

الاقتناص أن تأخذ شيئًا فى الخفاء بعيدًا عن أعين الناس، أن تسرق شيئا ليس لك ليس من أجل العوز بل من أجل المتعة.

رأيته يتحرك خارج المكتب، فدلفت سريعًا حتى لايراني وتصنعت الانشغال بأوراقى وأنا فى قمة النشوة، أتخيل قميصه أو بنطاله، وقد أحدث القلم منزوع اللبيسة به شخبطات ودوائر وأشكال لاحصر لها، والطامة الكبرى لو أن القلم طفح وتحول الجيب إلى بركة وحلة من الحبر، هنا تكون الخناقة حجمها أكبر وربما تصل بصاحبنا لقضاء ظهيرة تعيسة أو يمتد أثرها حتى نهاية اليوم.

تتسع مساحة الابتسامة على شفتي وأنا أتذكر ذلك اليوم الذى جاء فيه مرتجي زميلي في شئون العاملين، وقد ضرب على القلم بعد أن قمتُ بالتوقيع على كشف المرتب فطلب منى تركه حتى توقيع باقي الموظفين، والكارثة التى علمت بها بعد أسبوع من انقطاع مرتجي عن العمل بسبب نقله للمستشفى إثر ارتفاع مفاجىء فى ضغط الدم بعد أن تمكن القلم اللعين من تسويد أوراق الألف جنية المرتب الذى قبضه مرتجي، الفاجعة التى لم يتمالك نفسه حيالها، بذلنا محاولات عديدة مع البنك لقبول تغيير الأوراق المالية التى محا حبر القلم كل معالمها حتى استطعنا بعدها بشهر من استرداد المبلغ، شعرت يومها بندم؛ فقد كدت أتسبب فى كارثة فعزمت عدم تكرارها .

لكنها حدثت بشكل لا إرادي وغير مقصود هذه المرة، بعد أن تجاهلت قلمًا منزوع اللبيسة طلبه منى مدير الإدارة، لم أتمالك نفسي

من نشوة الانبساط، وأنا أخبط ببطن يدي صدر المكتب، لحظة تذكري سعادة المدير بعد أن تعمد أن يضرب على القلم بعد توقيعه بعض الأوراق، كنت أكتم ضحكة بارزة وأنا أنصرف من مكتبه وأنتظر بين لحظة وأخرى صراخاته بعد أن تحدث الكارثة، ولمّا مر اليوم بسلام، قلت ربما هناك خطأ قد حدث، فقلمي لايخطئ مفعوله أبدا.

فما إن بدأت تدب أُقدامي درج المصلحة فى اليوم التالي حتى فاجأني عم فراج فراش المصلحة:» المدير هنا من الفجر وشعره منكوش ووشه مقلوب، وبيشخط ويزعق فى كل من يقابله«

تأكدت من وقوع الطامة الكبرى، تحاشيته قدرالمستطاع فى ذلك اليوم، لكنه فأجأنى بزيارة للقسم فى منتصف النهار، كانت عيناه تطلق شرارها فتواريت وراء ابتسامتى البلهاء، متمتمًا ومؤمنًا خلف كل قراراته، وقد أيقنت بوقوع كارثة القلم اللعين فقد غير المدير قميصه الأبيض الثلجي بقميص مقلم على غير العادة التى يكمل فيها القميص أسبوعًا دون أن يبدله بغيره.

بعد ساعات وصلت الأنباء عن إقالة وزيرة التأمينات والشئون الاجتماعية وتغيير فى قيادات الوزارة، هي أشياء تحدث فى الغالب فى بلدنا دون أن نعرف لها اسبابًا أو نهتم بها، فقط ما يشغل بالنا من سيكون المدير الجديد للمصلحة وماهو نظامه، وطبعا لكل حبل جديد شده تستمر أيامًا أو أسابيع ثم تعود الأمور لمجراها الطبيعي.

فى أخر يوم للمدير المُقال لم أتمالك نفسي من طعنه بخنجر الرذالة، فسألته كنت نسيت على المكتب قلمي من يومين، فقال لي للأسف معذرة سامحني فيه، كان عندنا اجتماع مع الوزيرة فى نفس اليوم لمناقشة قرارات هامة وأخذت القلم معي وعند التوقيع على القرارات ناولت القلم لسكرتير عام الوزارة فلم يعده لي، واستحيت أن أطلبه، لم أتمالك نفسى من الضحك، وراحت تزاحمني أفكاري وأسئلة غير منطقية، هل يعقل هذا؟ أيكون قلمي السبب؟

بعد شهر من الواقعة كان المديرالجديد قد تأقلم على وضع المؤسسة، وصارت الأمور على مايرام، وعاد كل شىء طبيعي كما كان فذكر لي، وهو يقهق متجملًا بخفة دم البق، وهو يعيد لي القلم بعد أن وقّع على الإجازة الاعتيادية

: خذ قلمك معك، إنّ قلمًا كهذا أقال وزارة، ألا تعرف الحكاية...

تمت

القاهرة ٢٠١٥/٨/٢٥

البقاء لله

: خيرا أللهم أجعله خيرا!!

فتّح مهاب عينيه بتثاقل وفزع على أثر جرس الهاتف المحمول الذى يرن فى تلك الساعة المتأخرة من الليل، تحسس فى ظلام الغرفة مكانه على الضوء الصادر منه فأمسك به وحدق في اسم الطالب، كان قد أغلق كل أرقامه أمس ليحصل على إجازة طال انتظارها، اكتسى وجهه بقلق شديد طيّر من عينيه آثار النوم المتبقية، وهو يتمتم سيادة اللواء، فى تلك الساعة المتأخرة

: مساء الخير يافندم

صوت سيادة اللواء عاليًا يتردد صداه فى الغرفة، فراحتْ تتقلب جواره بقميص نوم بمبي اللون وذراعين بيضاويين وشعرأسود متناثر على الوجه والكتفين، وفخذين عاريين

:أين أنت يا أفندى، الدنيا مقلوبة عليك من الصبح وأنت نائم

ينظر إليها بجواره وقد استشعر الحرج

: أسف سعادتك، أنا كنت فى أجازة يومين فى مارينا

: هل عرفت إن سيادة الوزير مات

يزم شفتيه ويحرك يده فى الهواء بقرف ويتمتم فى سره» يووو وهل هذا وقته؟»

لكنه يتذكر سيادة اللواء على الهاتف وقد جاءه صوته من السماعة

: ألو ألو، يامهاب

: معك يافندم.. معك، لاحول ولا قوة إلا بالله، البقاء لله يافندم

زوجته اعتدلت إلى جواره، تحاول إبعاد شعرها المهوش عن وجهها وهى تتثاءب و بدا على وجهها القلق، وآخر كلمات اللواء

: مهاب، ساعة وتكون عندي علشان نجهز للجنازة

: يافندم أنا فى مارينا، أمامي على الأقل أربع ساعات حتى أكون عند حضرتك

جاء صوت اللواء حازما هذه المرة

: تصرف يا أفندي، المهم تكون قدامي مع طلعة النهار، ولاتنس وأنت فى الطريق تجري اتصالاتك لعمل كل الترتيبات، وحدد ميعاد الخرجة وكلمني حتى أبلغ مجلس الوزراء

: تحت أمرك يافندم

لمح زوجته إلى جواره فزعة، فاحتضنها، وطبع قبلة على رأسها

: آسف حبيبتي، كما سمعت الوزير مات، ولازم نسافر الآن، حتى أجهز لترتيبات الجنازة

بدا على وجهها الامتعاض، وهى تزم شفتيها، لاتزال أثار النوم علي وجهها..اتجه هو إلى الحمام يجرجر شبشبا يُسمع له صوت فى سكون الغرفة

طريق طويل ومظلم والوقت يمر، كانت إلى جواره نائمة، وهو مشغول بمكالماته التيلفونية التى لم تنقطع منذ خروجه من الشالية، يحاول أن يتذكر كل شيء، كل الترتيبات اللازمة، النعي فى الجرائد، الجنازة العسكرية، تأمين موكب الجنازة وخط سيرها، ترتيبات بروتوكول حضور السادة الضيوف من السفراء وممثلي القنصليات والجاليات الأجنبية

الوقت متأخر بالكاد استطاع نشر النعي فى آخر طبعة بالجريدة الرسمية، حاول الاتصال بعائلة السيد الوزير، علم أن زوجة سيادته على متن الطائرة العائدة من باريس وستصل فى العاشرة صباحًا، لقد أصبح أمر تأجيل موعد الجنازة للغد أمرًا حتميًا، حاول الاتصال بسيادة اللواء ليخبره لكنه الوقت قارب على مشارف الفجر، ساعات ويصل مكتبه ويبلغه بالأمر هناك...

لاتزال بجواره نائمة، وقد لاح من بعيد الضوء الأبيض فى الأفق،

أشعل سيجارة وفتح قليلا من زجاج النافذة بجواره يحاول استنشاق هواء الصبح،(القاهرة ٤٠ كيلو)، دقت الساعة السابعة (هنا القاهرة... وقد أفاد مصدر مسئول أن جنازة السيد الوزير سوف تشيع في العاشرة من صباح اليوم بحضور مندوب الرئيس ولفيف من الوزاء والسفراء)

أفزعها صوت الفرملة المفاجئ وكاد وجهها يرتطم بزجاج السيارة، توقفت السيارة تماما بعد أن قطعت مسافة مائة متر زحفًا، يضرب بيده عجلة القيادة فيأتيه صوتها مرعوبًا

:ماذا حدث، السيارة كادت تنقلب بنا

: كيف يحددون موعدا الجنازة، دون أن تنتهى الترتيبات، أخطاء الإعلام التي لا حد لها

: قد يكون سيادة اللواء هو من حدد الميعاد؟!

: سيادة اللواء يعرف أن تحديد الميعاد، بعد انتهاء كل الترتيبات، لابد وأن أتصل حالًا بمدير الإذاعة عليه أن يعدل الخبر فورًا قبل أن ينتشر

انتبه لضوء هاتفه والمكالمة التى لم يرد عليها أحد

:ألو سيادة اللواء، صباح الخير يافندم

: أين أنت يا أفندى، لماذ لاترد على التليفون؟

: يافندم أنا أسف لم أسمع جرس الهاتف، أنا عند البوابات، سيادتك أكيد سمعت نشرة الإذاعة، هذا الخبر عارٍ من الصحة وحضرتك لابد وأن تتخذ موقفًا مع مدير الإذاعة هذا

: يامهاب، يا مهاب، اسمعنى، الخبر صحيح ،الرئاسة هى من حددت الميعاد

وقفت الكلمات فى حلقه وتغير لون وجهه وتقطعت كلماته

: الرئاسة، ولكن كيف، لم يتم عمل أي ترتيبات، هذا غير ممكن، مستحيل

: مهاب لايوجد فى عملنا شىء اسمه غير ممكن ومستحيل

:يافندم، فى ترتيبات كثيرة لم تتم

يقاطعه صوت اللواء ولايعطيه فرصة للرد والسماع

:يا مهاب، الوزاء سيسافرون اليوم بعد الجنازة مباشرة مع الرئيس خارج البلاد، ومن غير المعقول أن تسافر الحكومة دون أن تشيع جثمان الوزير

: يافندم

بنبرة حازمة

:مهاب، انتهى الكلام، نفذ الأمر وتصرف، اعمل أى حاجة

ألقى بالهاتف على تابلوه السيارة وهويضرب بيديه على عجلة القيادة

: اهدأ يا حبيبى

: كيف لي أن أهدأ، يريد أن أنهى الترتيبات الآن، باقى ساعات

: طالما الرئاسة هى من حددت الميعاد فأكيد عندها ترتيب، عندما تصل بالسلامة ستجد كل شيء على مايرام

هكذا جاءه صوتها رقيقًا من جواره، وقد التمعت عيناها وأحس بحنو صوتها فأعطاه جرعة من الحماس، تحركت السيارة وقد نقشت السابعة والنصف فى الساعة الرقمية على لوحة التابلوه، فانطلق كالسهم، تجاوز كل الكمائن والإشارات، كانت الساعة تدق الثامنة والنصف وهو أمام فيلا الوزير، الجو هادئ، الحراسة وبعض قيادات الوزارة، بعض الخدم، سأل عن أقارب السيد الوزير همس فى أذنيه مديرمكتب الوزير

: الباشا الله يرحمه كان مقطوعًا من شجرة

هزّ مهاب رأسه هو يعرف ذلك جيدًا، ردد سيادته أمامه أكثر من مرة كرهه لأقاربه كانوا دون المستوى وكثيرًا ما رفض مقابلة أناس منهم بل معظمهم، كانوا فلاحين فقراء، أكد لي واحد منهم أنه ذبح جديًا وفرّقه على أهالى القرية عندما سمع إن ابن خاله أصبح وزيرًا، فلما حضر مكتبه رفض مقابلته، عاد خائب الرجاء وانقطع

تذكر معاد وصول الهانم حرم السيد الوزير فوجه كلامه لمساعده

: أرسلت سيارة للمطار لإحضار الهانم

: تمام يافندم، السيارة فى المطار من ساعة

يشعر بدوار خفيف، وتقلص فى المعدة، ربما أصابه البرد، بقلق يتمتم

: ربنا يستر

لابد وأن يلقاها فور وصولها، هى من سوف تحدد له أشياء كثيرة بخصوص ترتيبات الجنازة والدفن، تذكر حفل زواج الوزير منها، فقد ظل سيادته عازبًا طيلة حياته، ولم يتزوج إلا حينما أتته الوزارة كانت ابنة أحد كبار رجال الأعمال، تعلمت فى السربون، تصغره بعشرين عامًا، زواج مصالح، وزير شاب طموح، وعائلة غنية، وفتاة جميلة لاهمّ لها سوى شلة النادي والحفلات السوارية والشوبنج، لم تنجب منه...انتبه لجرس المحمول لمح الاسم سيادة اللواء

:موكب رئيس الوزراء وكبير الياوران والوزراء تحرك الآن، تم تقديم ميعاد الجنازة

: يافندم، لم نفعل شىء، الهانم لم تأتِ بعد

حالة من الذهول وتصبب عرقا

: والجنازة العسكرية

يأتيه صوته حازما وبعصبية شديدة

: يامهاب ليس لدينا وقت، طائرة الرئيس بعد ساعتين من الآن

الطريق إلى المدافن ضيقُ وغير ممهد، الجثمان يرقد فى صندوق فخم من خشب الأبنوس والزان بمقابض معدنية لامعة يلفه علم مصر وباقات من الزهور على سيارة عسكرية تجرها الخيول، تتحرك خلفها سيارات تشبه بعضها بلونها الأسود، زجاجها الفاميه لايظهر منه شىء، وسيارات شرطة هنا وهناك، وعدد من السيارات الفارهة الجيب شيروكي والهمر والجيمس.

يتحول الطريق إلى المدافن كقاطرة طويلة من السيارات يتقدمها موكب الجنازة، يستقل مهاب سيارته ويسير خلف الجنازة وقد فاجأته مئذنة جامع على الطريق فتذكر على الفور الخطأ الكبيرالذى وقع فيه بسبب هذا الاستعجال الذى قضى على كل الترتيبات المعدة للجنازة، فرفع هاتفه يطلب سيادة اللواء

: خير يامهاب

: مصيبة، يافندم

تغيرت ملامح اللواء وقد أصابه الفزع

: إرهابيون سيضربون الموكب؟

:لايافندم، الموكب مؤمن تمامًا، لكن الموكب تحرك فى إتجاه المقابر دون أن نصلى على الوزير صلاة الجنازة

شعر اللواء بارتياح مع تأكيد تأمين الموكب، لكنه استدرك مقولة مهاب فشعر بكارثة تحدق به

: ماذا تقول يا أفندي، أنت ستحول لمحاكمة عسكرية فورا

: تحت أمرك يا فندم، المهم نعالج هذه الكارثة أولًا، لابد وأن يتوقف الموكب حتى نصلي عليه

: توقف الموكب يعرضه للخطر ياحضرة الضابط، أنا متأكد أنك ستكون سبب نهاية خدمتى

: يا فندم ممكن نصلي عليه فى أقرب جامع أو زاوية فى طريقنا للمدافن

: تمام، حتى تصبح فضيحتنا بجلاجل، وتخرج علينا غدًا كل جرائد المعارضة، وتقول نسوا صلاة الجنازة على الوزير، فصلوا عليه فى زاوية بالمدافن، اليوم الثاني نتقدم أنا وأنت للمحاكمة

لحظة صمت سادت بين الطرفين فى محاولة للبحث عن حل للمشكلة، ثم يأتي صوت اللواء على الهاتف

: هل يعرف أحد بهذا الموضوع غيرك

: لا

لحظة صمت بسيطة تصحبها غمغمة

:تمام، إذا ندفنه من غير أن يدري أحد، هو ماكان يركعها، حتى يصلى عليه

: مش ممكن يافندم هذا حرام

: هل لديك حل آخر لهذه المصيبة؟

: عندي

:أنا زهقت منك ومن حلولك

:يافندم فى الطريق للمدافن توجد قرية اسمها عزبة ميمون القرد، بها مسجد صغير، من الممكن تقف الجنازة بها ونقوم بالصلاة على معالي الوزير، ونقول أن هذه هى وصية السيد الوزير أن يصلى عليه فى قريته وبين أهل بلدته

وقد انفرجت أسارير السيد اللواء وشعر بوجاهة رأى معاونه

: تمام، لحظة، أنت قلت لى اسم القرية ماذا ؟

: عزبة ميمون القرد ياباشا

: موافق بشرط تغييرالاسم للقرية النموذجية لعزبة الباشا

: كله تمام يافندم

في دقائق الطريق إلى عزبة(ميمون القرد سابقا)، صار ممهدا، سيارة رش مياة تطوف شوارعها الأمامية، أشجار الفيكس تنتشر هنا وهناك، بيوتها الطينية القديم أخذت لونا أبيضًا، فتحت ماسورة المياه الرئيسة المغلقة من الحى منذ شهور، فرش المسجد الصغير بسجاد عجمي وفرغت فى جوانبه زجاجات من البرفان الباريسي، وأشعلت فيه أعواد البخور.

وقف أهالي القرية على جانبي الطريق، صار المشهد جليلًا وجنائزيًا يليق بجنازة السيد الوزير، شعر معها سيادة اللواء بغبطة، وكاد أن يطلق ابتسامة لولا خشيته من لقطات كاميرات الصحفيين التى تنتقل هنا وهناك، اقترب مهاب من رئيسه منتظرًا تهنئته على هذا الإنجاز، فنهره اللواء بسؤال وهو يجز على أسنانه

: دورات المياة سيئة للغاية، كيف سيتوضأ الوزراء يافندي

جاء رد مهاب قاطعا

: يافندم، يافندم الحكومة كلها طاهرة ، لا تحتاج لوضوء

لم يتمالك سيادة اللواء من إخفاء ابتسامة مكتومة فأردف

:فعلا والوزير الغير طاهر يروح...

كانت سيارة نقل النعش قد توقفت أمام باب المسجد الصغير، لمح سيادة اللواء وجود نعش أخر فى مقدمة الزاوية بجوار المصلى

: ما هذا يامهاب؟

: ميت من أهل القرية يافندم

وقد عاد له تبرمه وضيقه وهو يضعط على أسنانه

: فى نفس ميعاد خروج جنازة الوزير

: يافندم رُب ضارة نافعة، لولا هذه الجنازة ما خرجت الناس للشوارع

يبدي اللواء نوعًا من الاقتناع ولكنه يتوعد مهاب

: حسابك معى بعد أن ننتهى من هذه الجنازة

:تحت أمرك يافندم

وضع المشيعون النعشين فى جانب من المصلى ووقفوا صفوفًا خلف وزير الأوقاف يؤدون الصلاة، كان سيادة اللواء فى آخر الصف، حينما هبط مهاب على أذنه مع التسليمة الثانية

: كارثة يافندم

أدار سيادة اللواء رأسه لمساعده وقد اشتاط غضبًا مكتومًا يستمع

: سألت الهانم زوجة سيادة الوزير عن مدافنهم، قالت إن سيادة الوزير ليس له مدفن، كان يتشاءم من هذه الأشياء

: وأين سندفن سيادته يامهاب

: بسيطة يافندم، فى أي تربة والسلام!!

تمت

القاهرة ١٩/٦/٢٠١١

علاقات رقمية

لما تعددت محاولاته الفاشلة فى إقامة علاقة قوية تناسب إمكانياته ووضعه، أدرك لامناص من حلول بديلة، علاقة يكون فيها هو الرقم المطلق، كثرعطاؤه، فتمنى أن يحصل على الحب دون أن يقدم الثمن، فيصبح غاية وهدف، يدخل فى تجربة تدثره بالرغبة كل مساء، وتتبخر مع أول شعاع ضوء، فيغتسل ويصلي الصبح، ويهم لعمله فى الورشة كل صباح، يلتهم فى طريقه طبق الفول ورأس البصل، وثلاث أرغفة مدعمة.

فى طريق العودة يقلب فى الهاتف المستعمل الذى اشتراه اليوم من زميله على سبيل التجربة بثمن بخس، يقبع هاتفه القديم فى جيب بنطاله الجينز، طريق العودة طويل، ويمكنه نقل الصور والأرقام، وكذلك تجربة الخط الجديد، لاشك ستكون الصور ومشاهد الفيديو عليه أوضح، جرب الاتصال من الرقم القديم ليختبر الصوت تحدث إلى نفسه من رقم إلى رقم، صار له رقمان، فما المانع أن يكون له حسابان.

زادت الرغبة، أعجبته الفكرة أنشأ صفحتها أطلق عليها اسم حنان

(أكمل باقي البيانات، اختر صورة)

الجنس أنثى، مطلقة، خمس وثلاثون عاما، بيضاء كالثلج وعيون خضراء، وشعر ذهبي لامع، طويلة ناهدة الصدر، ها قد صورها ثم أطلقها فى العالم الافتراضي .

من جهازه القديم مارس هوايته الليلية من مؤشر البحث عن صداقات جديدة، عندما ضغطت يده حرف الحاء، كانت صورتها تزين الصفحة، ومشاهدات عدة فى لحظات، أرسل طلبًا فجاء الرد بالموافقة، فاجأه سؤال

:ممكن نتعرف؟

هم سريعا ينقل أنامله بين الأحرف والأرقام، كان أكثر صدقا مع نفسه هذه المرة، فقط لم يشأ أن يكتب مؤهله الجامعي.

لكنها غاصت معه فى لجة وجد أفرغت كل سنين الرغبة عنده، كانت أشعة الشمس تطرق نافذة الغرفة، وقد اخترقت عينيه، إنه ميعاد الوردية، مارس عاداته الصباحية بعينين لم تذق طعم النوم، نهره صاحب الورشة أكثر من مرة قبل ميعاد الانصراف، قرر النوم سويعات، لكنه وجد النقطة الخضراء تضيء صفحتها، فهمّ بسؤال، ثم طلب لقاء.

فى محطة مترو التحرير جلس ينتظرها، الجو لطيف بفعل التكييف المركزي، لكنه بعد ساعة ملّ، حاول أن يرسل لها رسالة، لكن الشبكة غير متوفرة، كان غريبًا أنه لم يحصل منها على رقم الهاتف

فجأة شعر بوجودها فسألها

: حنان؟!

صافحها، أحاطها بيديه، لف يده حول خصرها عند السلم الكهربائى، مضى لأعلى، كان هواء الصيف ساخنًا عندما قرر أن يجلسا بجوار النصب التذكاري لشهداء الثورة، كل شيء كان جميلًا إلا نظرات الناس إليه، عجيب أمر أولئك الناس أوربما حدث تغير في المجتمع، واحد وحبيبته يجلسان في مكان عام وهي تتأبط ذراعه وتميل برأسها على كتفه هل في هذا مايثير دهشتكم !!

وهذا المعتوه الذي يضرب كفا بكف ويقول

: لا حول ولا قوة إلا بالله، الرجل اتجنن ، يكلم نفسه!!!

تمت

القاهرة ٢٠١٥/١٢/٢٥

رغبة مكبوتة

للمرة الأولى يشعر بثقل حركة عقارب الساعة فى نهاية هذا النهار الطويل على غير العادة، كانت الأيام والأسابيع والشهور تمر هكذا دون أن يحسب لها، ودون أن يشعر بها، منذ أن لزم القرية عقب تخرجه من الكلية، ينتظر خطاب التعيين أو فرصة عمل وعده بها أحد أقاربه نسيب عضو مجلس الشعب عن الدائرة، يقضي ليله متنقلًا بين شوارع القرية القليلة فى زيارة هنا، وجلسة هناك، حتى تفرغ الشوارع من المارة، ويخيم الصمت على بيوت القرية القديمة، يعود إلى منزله القائم فى أطراف القرية على قطعة أرض اشتراها والده رحمه الله ،عقب عودته مباشرة من بلاد الخليج التى عمل بها سبع سنوات.

فى الغالب ما تكون والدته نائمة شأنها شأن نساء القرية اللاتي يفضلن النوم بعد صلاة العشاء والاستيقاظ المبكر مع خيوط الفجر، أخوه الصغير بالتأكيد لايزال يستذكر دروس الثانوية، طعام العشاء جاهز ومتروك على الطبلية، يتنقل بين محطتي التلفاز، تخبره والدته إن هذا التلفاز هو ثاني تلفاز دخل القرية كان قد أحضره والده فى أول نزلة له من أرض الحجاز، إنه الزمن!!!

تبهره الصورة الحية الملونة عند أصدقائه وأقاربه وفى المقهى والأجهزة ذات الشاشات الكبيرة، يرى سحر الوجوه وجمال الأجسادالنضرة تسريحات الشعر، المِكياج الصاخب، خصر الممثلات فى الأفلام والمسلسلات التى تعرض فى ميعادها الذى بات يحفظه عن ظهر قلب ويترقبه كل مساء وفى أيام الخميس والآحد

نادي السينما برنامجه المفضل يعرض الأفلام الأجنبية كل سبت لم يكن مغرما ككل شباب القرية بأفلام المغامرات والحروب والعصابات التى غالبًا ما تشد فى أحداثها ومفاجآتها جمهور المقهى، كان يتابع الأفلام والمسلسلات الرومانسية، ويتابعها فى البيت على الجهاز الأبيض والأسود، لأنه يكون فى حالة خاصة من النشوة والمتعة واللذة .

مع نهاية الإرسال يشد لحاف الصوف على جسده على الكنبة وينام، يصحو على صوت أمه وقد عجنت وخبزت وحضّرت الفطار يتناول إفطاره ثم يمضي إلى القيراطين مسافة نصف كيلو متر ليحش حِمل برسيم أو دراو للجاموسة والعجل وعنزتين صغيرتين ويضع لهما الماء، وفى أيام يكري من ينظف الزريبة، يغير ملابسه ويركب البسكلته وينطلق للسوق، أو يقضي بعض الحاجات يشتري الجريدة اليومية، مع أذان الظهر، يعود لتناول الغداء مع أخيه العائد من المدرسة ويحظى

بقيلولة هادئة، يستيقظ بعد أذان العصر، يشقّر قبل خروجه على الزريبة ثم يغير ملابسه ويبدأ جولته المسائية يحضر مناسبة عائلية، يزور مريضًا قريبًا أو صديقًا، يجلس على المقهى بعض الوقت يشرب حجر المعسل، يمر الوقت، حتى موعد العودة للبيت ثم النوم.

لكن صباح هذا اليوم يشعر أن هناك شئيًا مختلفًا، استيقظ مبكرًاعلى غير عادته، مارس طقوس يومه المعتادة، شعر بسخونة الهواء وهو عائد بعدما اشترى الجريدة اليومية وقرأ الخبر فى النشرة، كم انتظر هذا اليوم، أخيرًا سيشاهدها وحده، سيلتقي بها فى غرفته سيعايش كل لحظة معها يعرفها جيدًا، يتذكر كل لحظة.

القصة كاملة يحفظها عن ظهر قلب منذ أن شاهدها لأول مرة فى السينما، كم حكى لأصدقائه عنها، جسدها البض، خصرها الذى يشبه عود الذرة، قامتها الفارعة كنخلة، شعرها السارح فى الهواء، اخضرارعينيها الذى يشبه لون عين القطط البرية، آهات الرغبة، وهى تتقلب على سريرها، ينداح قميصها البمبي فيكشف عن فخذها العاري، مؤخرتها المستديرة، تتخيله بجوارها، فتذوب فى آه النشوة واللذة، يأكل شفتيها الغليظتين، يمتص ريحق شهدها من طرف لسانها الوردي، يضمها بيده الضخمة يعتصرها تحته، يهتز السرير النحاسي القديم بشدة، تعلو

الأصوات مع الآهات المتوالية، يذوبان فى ظلام الشاشة الكبيرة، لم تفارق تلك المشاهد عينيه لحظة منذ قرأ اسم الفيلم فى خريطة البرامج اليومية.

ميعاد عرضه مناسب جدًا بعد العاشرة مساء، حيث تبدأ سهرته الليلية بعد أن يأوي الجميع للنوم، سيعيش معها اليوم، إنها محبوبته التي يعشقها، كان يبحث عنها فى كل امرأة وفتاة قابلها فى الجامعة الإقليمية درس بها، فى نساء وبنات المركز، قريباته فى القرية، للأسف لاتوجد واحدة منهن تشبهها، أو حتى تستطيع أن تحرك مشاعره وتثير رغبته المكبوتة مثلها، وتحديدًا فى هذا الفيلم، ينظر لساعته لايزال هناك وقت طويل، الشمس تتمايل على أطراف جريد النخل، كأنها تخرج لسانها له وتأبى أن يجيء الليل .

إنه يتحرق شوقا يذوب رغبة مع كل ثانية تمر، فقد رتب كل شيء منذ هذا الصباح، فقد أقنع أمه بضرورة الذهاب لأخته التى سافر زوجها منذ أيام للاطمئنان عليها، والمبيت معها فى القرية المجاورة، سينام أخوه الأصغر فى ميعاده كل يوم قبل العاشرة ولامانع بعد نومه من نقله لغرفة والدته؛ حتى يختلي بالغرفة منفردًا ويشاهدها وحده دون أن يكون معه أحد، يختلي بها لنفسه.

يتجسد شخصية بطل الفيلم، بل وكل الرجال الذين سيتناوبون

عليها، يرى نفسه فى كل واحد منهم، حتى مشهد الاغتصاب، يرى نفسه فيه، لحظات الحب، والرومانسية، مشاهدها وهى تستحم عارية، وحتى حينما ترتدي قميص نومها البمبي، تقلبها على السرير الفارغ من دفء الرجل، مشاهده معها وهو يذوب فيها وتذوب فيه

عقب أذان المغرب كان عليه أن يذهب للعزاء في جنازة أحد رجال القرية، بعدها سيزور صديقه المريض فى بيته، ثم سيمر على القهوة، تذكر أن عليه الآن حلب الجاموسة، ثم يبيّت الأوز والفراخ فى العشة ، هكذا أوصته أمه قبل أن تذهب.

إنها أشياء كثيرة ومملة، يضيق بها كثيراً، وهو ينظر كل لحظة في ساعته يرقب حركة عقاربها البطيئة، لم يمر على القهوة عاد مبكرًا، أخوه يذاكر دروسه، أعدّ طعام العشاء برغم إحساسه بالشبع، كان بإمكان أخيه أن يحضّر لنفسه العشاء، لكنه أراد ألا يضيع وقته، حتى ينتهي من مذاكرته وينام مبكرًا، فتح جهاز التلفاز على برنامج حواري ممل، نصح أخاه بأن يذهب لغرفة أمه للمذاكرة بها والنوم إن أراد حتى لايتأثر بصوت التلفاز، أحس بإحباط حنيما قال له أخوه الأصغر

: أنا أحب المذاكرة أمام التلفاز

قام بدور الناصح الأمين

: أنت فى ثانوية عامة ولازم تهتم وتذاكر بجد

قال له بابتسامة خبيثة

: وبعد ما أحصل على الثانوية والكلية، ماذا أعمل ؟

شعر بالضيق من رد أخيه، لكنه لايريد الدخول في جدال لن يجدي فأجاب على مضض

:ربما يكون حظك أحسن من حظي

عقارب الساعة تشير للتاسعة ، الوقت بدأ يتحرك بسرعة مذهلة لكنه لايزال مستيقظًا وعينيه مفنجلتين يجادله ويحاوره، تشاغل عنه بالبرنامج الحواري، مدّ رجليه على الكنبة، وخلع نظارته وأسند رأسه للحائط، وخز خفيف فى الكتف، المتحاوران في حالة جدال سفسطائي شديد، منذ مطلع الفجر وهو ينتظر ...

بدأ المشهد من لحظة أن تقمص شخصية البطل، وهى تهرول نحو باب عشته خائفة مرعوبة والدم يسيل من مقدمة فستانها الممزق، لقد اغتصبها هذا الحيوان فى الطريق أكلها، مزق براءتها دون رحمة... ساعات مرت يضمد جراحها ويطمئنها، غسلت الدم النازف وخلعت فستانها، لفها فى ملاءة سرير.. نامت نومًا عميقًا.. تقلبت أمامه.. دار فى الغرفة كثور...

لا أحد غيرهما فى الدار، نام الأخ الأصغر، والآم لن تأتى قبل الغد، هى اللحظة، كان الليل ساخنًا جدا،استيقظتْ، أحست بوجوده، اقترب منها، مرت ساعات طويلة كأنها أيام، تحكي له...أخذها فى حضنه، شعر بدفء أنفاسها، شعرت معه بالأمان، ضمها إليه أكثر فأكثر، مص شفتيها الرقيقتين، سحب لسانها إلى فمه اعتصرها، لون الدم على قميصها أشعل رغبته، ذاب فيها وذابت فيه، تقلب بها على السرير، حتى سقط على الأرض، صوت نهاية الإرسال على الشاشة حين فتح عينيه تششششش.....

تمت

٢٠٠٢/٣/٦

المؤلف في سطور

إبراهيم عمار

مواليد محافظة قنا - قرية القلعة

مقيم بالقاهرة - محافظة الجيزة

خريج كلية دار العلوم -ج القاهرة

معلم وكاتب صحفى

رئيس تحرير سلسة نبضات عربية

عضو فى العديد من الصالونات الثقافية

عضو نادي القصة المصري

نشرت له العديد من الأعمال الإبداعية

فى جرائد ومجلات عربية

أخبارالأدب - نصف الدنيا - حريتى الجمهورية - الغد - الأخبار- مصر الفتاة

آفاق عربية - المجلة العربية - اليوم الدولي

صدر له :

أزاهير جنوبية - عمل مشترك ١٩٩٧

تحت الطبع

رواية البارود

مسرحية باراباس

مجموعة قصصية (أعياد اليتامى)

الفهرس